# PAROISSES

## ÉGLISES ET CURES

DE

## MONTAIGU " BAS-POITOU "

# PAROISSES

# ÉGLISES ET CURES

DE

# MONTAIGU "BAS-POITOU"

PAR

LE DOCTEUR G. MIGNEN

DE MONTAIGU "VENDÉE"

Ancien Président de l'Union des Syndicats Médicaux de France

Président du Syndicat départemental des Médecins de la Vendée

---

OUVRAGE ILLUSTRÉ DE DEUX ZINCOGRAPHIES

LA ROCHE-SUR-YON

*IMPRIMERIE SERVANT-MAHAUD*

3, Place de la Préfecture, 3

MDCCCC

A MARGUERITE ET GUSTAVE

mes enfants chéris.

---

Je vous dédie ce livre, écrit en souvenir
de Celle dont nous gardons le pieux souvenir.

*Habent sua fata libelli !*

Montaigu-Vendée, le 1er janvier 1900.

ANCIENNE ÉGLISE SAINT-JEAN DE MONTAIGU

# PAROISSES

# ÉGLISES ET CURES

## DE MONTAIGU

---

## AVANT-PROPOS

---

Cet historique des paroisses, églises et cures de Montaigu, doit être considéré comme l'un des chapitres de l'histoire de la baronnie, devenue ensuite le marquisat de Montaigu, que nous nous sommes imposé la tâche d'écrire.

Le peu de temps que nous pouvons consacrer à ce travail, qui nécessitera des recherches longues encore, ne nous permet pas d'entrevoir à quelle époque nous l'aurons terminé. Aussi avons-nous pensé qu'il était sage d'en détacher l'histoire particulière des établissements religieux qui ont vécu à Montaigu jusqu'à la fin du siècle dernier. C'est ainsi que, tout en continuant d'amasser les documents qui intéressent le passé de notre petite cité, nous nous proposons de publier ce que nous avons pu recueillir sur le couvent des Religieuses Fontevristes de Saint-Sauveur, le chapitre ou église collégiale de Saint-Maurice, l'aumônerie-hôpital et le prieuré de Saint-Jacques.

Nos archives locales, et les notes et manuscrits légués par M. Dugast-Matifeux à la ville de Nantes, nous en ont fourni les principaux éléments.

Les archives de la mairie de Montaigu possèdent, en effet, les registres : 1° de la paroisse de Saint-Jean-Baptiste, depuis 1650 jusqu'à nos jours ; 2° de la paroisse de Saint-Jacques, de 1741 à 1771 inclusivement ; 3° de la paroisse de Saint-Nicolas, de 1711 et 1712, de 1718 à 1736 inclusivement, de 1764 à 1766 inclusivement, de 1781 et 1782, de 1785 à 1787 inclusivement ; 4° de l'hôpital, pour les décès seulement, de 1770 à 1774 inclusivement ([1]).

Au greffe du tribunal de la Roche-sur-Yon, où ils sont conservés en conséquence de la loi du 20 septembre 1792, qui ordonnait de les déposer au directoire de chaque département — alors à Fontenay-le-Comte —, nous avons trouvé les doubles, depuis 1737, des registres de l'état civil de Montaigu, et pu combler ainsi quelques lacunes de nos archives locales. Nous y avons consulté les registres : 1° de la paroisse de Saint-Jacques, de 1731 à 1791 inclus ; 2° de la paroisse de Saint-Nicolas, de 1783 à 1789 inclus ; 3° de l'hôpital, de 1761 à 1784 inclus ; 4° des Religieuses Fontevristes du couvent de Saint-Sauveur, de 1785 à 1789 inclus ; 5° des protestants, pour l'année 1685.

M. le Maire de Montaigu, et M. Martineau, greffier en chef du tribunal de la Roche-sur-Yon, ont bien voulu mettre ces divers registres à notre disposition : il nous est agréable de leur en exprimer nos remercîments.

Mais ce sont surtout les notes et manuscrits de M. Dugast-

([1]) On peut s'étonner que Montaigu, dont l'existence a été si mouvementée pendant la Révolution, ait conservé ces précieuses archives. C'est qu'un homme intelligent, M. le Dr Richard, père de Monseigneur Richard, cardinal-archevêque de Paris, les avait, avec celles de l'hôpital, placées en lieu sûr, et préservées ainsi d'une destruction presque certaine.

Matifeux qui nous ont procuré le plus d'indications utiles. MM. Rousse, Giraud-Mangin et Blanchard, conservateurs de la Bibliothèque de Nantes, nous les ont communiqués avec une bienveillance que nous ne saurions oublier. Ils nous ont aidé dans la lecture des passages difficiles, et nous sommes heureux de leur en témoigner ici notre sincère reconnaissance.

Malheureusement, tant pour la présente notice que pour celles qui suivront, nous n'avons pu retirer des travaux de M. Dugast-Matifeux tout le bénéfice que nous en espérions. Bien des notes, consignées sur de petits carrés de papier, sur des bandes de journaux, et même sur du papier déjà imprimé, qui étaient, pour leur auteur, autant d'indications précieuses, autant de points de repère importants, n'ont plus eu pour nous la précision désirable. Aussi, combien de fois avons-nous regretté que M. Dugast-Matifeux n'ait écrit, lui-même, cette histoire de Montaigu, dont, pendant le cours de sa longue existence, il avait réuni bien des éléments épars : mieux que personne il était préparé à se faire l'historien de la petite ville qu'il habitait le plus ordinairement. En reprenant son œuvre, nous ne nous dissimulons pas les difficultés d'une telle entreprise.

Ces difficultés ne nous arrêteront pas cependant. Enfant de Montaigu, nous essayerons de faire revivre un passé déjà bien oublié, et nos compatriotes trouveront peut-être à nous lire une part des satisfactions que nous avons éprouvées en écrivant, sans autre prétention que de dire toujours la vérité, l'histoire religieuse de la cité qui a été notre berceau commun (1).

(1) Dans une lettre du 24 juillet 1739, adressée par François Pasquier, maître blanconnier au faubourg Saint-Jacques, à Me Laurendeau, procureur au Présidial de Poitiers, nous lisons : « Le fief « du Croisy, en l'enceinte duquel est les ruines d'une ancienne

# GÉNÉRALITÉS

Au moment de la Révolution de 1789, la petite ville de Montaigu était encore l'un des centres les plus actifs de la vie religieuse en Bas-Poitou. Après avoir été le théâtre de luttes sanglantes entre les armées catholiques et protestantes qui s'en disputaient tour à tour la possession, et aussi de luttes locales, non moins ardentes, entre ceux qui y professaient l'un ou l'autre culte, elle jouissait depuis

« église, appelée de Sainte-Croix, qui fut, dit-on, église paroissiale. » *Archives de la Vienne*, H. 3. 856.

C'est là, croyons-nous, une erreur. L'église de Sainte-Croix, déjà en ruines en 1564, dépendait de la commanderie de Sainte-Croix qui fut réunie à celle de Launay, en la paroisse de Sainte-Cécile, et ne fut pas église paroissiale.

— Une autre indication est encore à noter :

« 12 juillet 1516, prise de possession, en conséquence de présen-
« tation par le commandeur de Launay, de la chapelle de l'église
« paroissiale de la Magdeleine, laquelle église a autrefois estée hors
« des murs de la ville de Montaigu. »

Cette prise de possession, rappelée sous cette forme résumée dans le dossier de Sainte-Croix de Montaigu, aurait dû se trouver dans le trésor de Launay, aux Archives de la Vienne : nous l'avons en vain fait rechercher.

Il nous semble qu'il y a ici encore une erreur. La chapellenie de la Magdeleine a bien pu être desservie, jusqu'à une époque indéterminée, dans une chapelle particulière, puis, pour des causes

le traité de Fleix ([1]), et surtout depuis la révocation de l'Édit de Nantes, d'une apparente paix religieuse. De part et d'autre, on avait fini par oublier les divisions suscitées le plus souvent par le seigneur de Montaigu, qui, très militant calviniste, entendait imposer ses croyances et sa volonté. Au reste, il n'existait plus alors de protestants parmi les habitants ; le seigneur ne séjournait que très rarement dans la demeure qui avait été construite sur les ruines du château-fort, et l'autorité appartenait désormais aux prêtres catholiques du lieu.

Ceux-ci, il est vrai, furent longtemps en désaccord. Les chanoines de Saint-Maurice prétendaient avoir un droit de préséance sur les membres du clergé séculier, et nous signalerons, sans nous y arrêter pour le moment, quelques traces de leurs querelles. Toutefois, la population y restait de plus en plus indifférente, quand la Révolution vint définitivement briser l'organisation religieuse de la cité. Le chapitre de Saint-Maurice, le couvent des Religieuses Fontevristes, le prieuré de Saint-Jacques, les trois paroisses elles-mêmes furent emportés par la tourmente révolutionnaire. Seule, l'aumônerie-hôpital résista pendant la tempête ; et, lors de la guerre des Bleus et des Blancs, elle fut protégée par les partis contraires auxquels elle rendait indifféremment de signalés services.

On comptait à Montaigu, en 1789, trois paroisses distinctes placées sous les vocables de Saint-Jean-

absolument ignorées, l'être ensuite dans l'église de Saint-Jacques, comme nous l'avons sûrement constaté. Mais nous ne pensons pas que la chapelle de la Magdeleine ait jamais été église paroissiale.

Nous ne parlerons donc, dans notre travail, que des quatre paroisses de Saint-Jean-Baptiste, Notre-Dame, Saint-Jacques et Saint-Nicolas, dont l'existence est certaine.

([1]) Par le traité de Fleix (26 novembre 1580), le roi ordonna le démantèlement de Montaigu.

Baptiste, de Saint-Jacques et de Saint-Nicolas. Mais antérieurement, et jusqu'au dernier quart du XVIe siècle, il en existait une quatrième, dite de Sainte-Marie ou de Notre-Dame, qui fut réunie — nous en dirons les causes — à celle de Saint-Jean-Baptiste. Or, si l'on peut évaluer à moins d'un millier d'habitants le chiffre total de la population de Montaigu, on est en droit de conclure que ces paroisses étaient pauvres en paroissiens : encore faut-il ajouter que la paroisse de Saint-Jean-Baptiste était de beaucoup la plus peuplée (1).

Les quatre paroisses, primitivement de simples chapellenies, sont nominativement désignées dans le plus ancien document qui soit connu concernant Montaigu. Dans la charte de fondation de l'Aumônerie, de l'an 1082, on lit :

« *Statuimus etiam, præsentibus archidiacono et decano,*
« *quod confratres ejusdem domûs eligerent priorem capella-*
« *num Sancti Jacobi, et Sancti Joannis, et beatæ Mariæ et*
« *beati Nicolai, quem præsentarent episcopo.* »

Ce texte, dont la ponctuation n'est pas seule défectueuse, doit être compris ainsi : « Nous avons décidé, en présence de l'archidiacre (d'Aizenay ?) et du doyen, que les confrères de l'Aumônerie éliraient pour prieur l'un des quatre chapelains de Saint-Jacques, de Saint-Jean, de Notre-Dame ou de Saint-Nicolas, et qu'ils le présenteraient à l'évêque (pour en recevoir l'institution canonique).

Si donc, les quatre chapellenies existaient dès la fin du XIe siècle, et même antérieurement comme il est probable,

(1) D'après le recensement de l'année 1813, que nous avons eu sous les yeux, la population de Montaigu, malgré l'annexion du champ de foire ou des fossés, comme on disait alors, et celle du quartier des Rochettes, n'était que de 1,013 habitants.

il serait intéressant de savoir si elles ont été fondées à une même époque.

Nous allons dire notre sentiment à ce sujet.

Montaigu était comme aujourd'hui constitué par des agglomérations distinctes :

1° Le château proprement dit, baigné à l'ouest par la rivière « la Maine », au sud et à l'est par l'étang formé par les eaux du ruisseau d'Asson, et borné au nord par une douve qui le séparait de la ville ;

2° La ville, sise au nord et nord-est du château, et entourée d'une douve de toutes parts, sauf au sud où elle était en partie baignée par l'étang de Saint-Michel ;

3° Le faubourg de Saint-Jacques, au sud du château, dont l'étang du ruisseau d'Asson le séparait ;

4° Le faubourg de Saint-Nicolas, à l'ouest de la ville et du château, et entre lesquels coulaient les eaux de la rivière de Maine.

Les lieux ainsi dénommés ne nous paraissent pas avoir eu une existence contemporaine. Le faubourg de Saint-Jacques aurait le premier pris naissance.

En voici les raisons :

1° A l'extrémité du coteau qui, à l'ouest de l'hôpital, domine la rivière de Maine, est un lieu dénommé *la Pierrière*. Cette désignation [1] est presque toujours, quelques-uns disent toujours, l'indication d'un monument mégalithique. L'orientation du lieu à l'ouest est aussi assez caractéristique ;

2° Les terrains qui avoisinent l'ancienne église de Saint-Jacques, élevée dans le cimetière de ce nom, sont appelés

[1] La Pierrière, section A, n° 523, d'une contenance de 70 centiares, et Verger de la Pierrière, même section, n°s 523 à 548, d'une contenance de 38 ares 95 centiares.

*Dinais* ou *Denais* [1]. Or, ce nom, d'origine antérieure au VII^e siècle, n'aurait-il point été le nom primitif de la bourgade qui, dans la suite, aurait pris celui du patron du lieu ?

Cela s'est produit en maints endroits, et, tout près de nous, pour *Durinum* qui est devenu Saint-Georges. Ici, on aurait dit d'abord Dinais, puis Saint-Jacques de Dinais, et enfin Saint-Jacques tout court. (Note manuscrite de B. Fillon).

En tout cas, le nom de Dinais est plus ancien que celui de Montaigu.

3° La paroisse de Saint-Jacques a été celle du château jusqu'à la Révolution. Si Montaigu avait été contemporain du château, l'église de Saint-Jean-Baptiste eut été aussi celle du château, qui était séparé de l'église de Saint-Jacques par une assez longue distance, et surtout par un ruisseau souvent infranchissable, avant même qu'on l'eût transformé en un étang artificiel. C'est cet éloignement et les difficultés de communication qui déterminèrent, plus tard, les seigneurs à placer l'église collégiale de Saint-Maurice dans l'enceinte même du château, mais ce dernier n'en continua pas moins à être de la paroisse Saint-Jacques.

4° On nous a assuré — et nous y reviendrons plus loin — que les fouilles pratiquées, pour les inhumations, dans le terrain qu'occupait l'ancienne église de Saint-Jacques, mettent au jour des fragments de tuiles à rebords. Il est du moins certain que, à bien des reprises, sur le territoire de la paroisse de Saint-Jacques, aux environs du Pont-Neuf et de la Crépelière, on a recueilli des haches celtiques, des débris de poteries gallo-romaines, des poids de tisserand en terre cuite.

(1) Denais, n^os 589, 589 *bis*, 590 du cadastre, section B.

A Montaigu, où il s'est fait de nombreuses fouilles et effectué des démolitions importantes, celle de l'église de Saint-Jean-Baptiste entre autres, il n'a jamais été trouvé d'objets d'une aussi haute antiquité.

5° Jusqu'au XIVe siècle tout au moins, le doyen de Montaigu présentait à la cure et au prieuré de Saint-Jacques, tandis que l'abbé de Saint-Jouin-de-Marne, comme successeur des anciens abbés de Durinum, avait droit de présentation aux trois autres cures, droit qu'il conserva jusqu'à la Révolution (1).

Pourquoi cette anomalie ?

Si ces cures — ou plutôt les chapellenies primitives — avaient eu une même origine, elles n'eussent pas manqué d'avoir aussi un patron commun. A notre avis, la chapellenie de Saint-Jacques est la plus ancienne, et elle conserva son organisation quand les autres furent établies par les chefs militaires ou les premiers seigneurs féodaux, pour la commodité des hommes d'armes et des habitants groupés autour de la petite forteresse. Les moines, chassés de Durinum par l'invasion normande, apportaient les secours religieux, en échange desquels on créait pour eux des bénéfices à charge d'âmes. C'était l'époque des donations en faveur des religieux, et il n'y a rien d'étonnant à ce que, si même on ne leur en avait pas concédé le droit, ils ne se soient arrogé la présentation des chapellenies fondées pour eux, se considérant comme les véritables fondateurs.

De ces diverses considérations, il résulte pour nous que Saint-Jacques et sa chapellenie sont plus anciens que la cité de Montaigu proprement dite, et les chapellenies de

(1) Le Pouillé d'Alliot indique l'abbé de Saint-Jouin-de-Marne comme présentateur à la cure de Saint-Jacques, en 1648, mais les indications de ce Pouillé sont souvent erronées.

Saint-Jean-Baptiste et de Notre-Dame, voire même, pour des motifs analogues, que celle de Saint-Nicolas.

C'est là un point que nous nous proposions d'établir [1].

Quant à Montaigu, sans entrer ici dans les détails qui trouveront mieux leur place ailleurs, nous nous contenterons de dire qu'il n'a pas existé avant le IXe siècle. Sa situation sur un escarpement de rochers baignés par la Maine, explique que les Teyphales l'aient occupé et s'y soient installés provisoirement, mais leur séjour ne détermina pas les populations voisines à y venir bâtir leurs demeures. Jusqu'au IXe siècle, Durinum, séparé de Montaigu par une distance de trois kilomètres, était la seule localité importante du pays, tant par son industrie que par le nombre de ses habitants : les grandes voies romaines qui y convergeaient en accusent la prospérité [2].

Mais quand les Normands eurent porté à Durinum l'incendie et la ruine, la population, chassée de ses foyers, se réfugia à Montaigu, qui par sa position assurait une sécurité relative. Montaigu prit ainsi naissance, et, depuis lors, n'a cessé de s'accroître aux dépens de sa voisine dont la décadence s'est accentuée de jour en jour. L'histoire de Montaigu n'est en quelque sorte que la continuation de celle de Saint-Georges ou plutôt de Durinum.

Ce sont là, au reste, des considérations que nous aurons à développer encore quand nous écrirons l'histoire de la baronnie de Montaigu. Nous avons cru cependant

(1) M. Dugast-Matifeux a voulu faire de la paroisse Saint-Jean-Baptiste la plus ancienne paroisse de Montaigu. Nous en reparlerons à propos de cette paroisse.

(2) On a prétendu que Durinum était le seul point du Bas-Poitou où fut connue la teinture des tissus en couleur rouge. Ce qui est du moins certain, c'est qu'on y a trouvé des quantités considérables de poids de tisserand en terre cuite et en plomb, preuve que l'industrie du tissage y était très florissante.

nécessaire de les exposer sommairement au début de ce travail.

Ces préliminaires posés, nous abordons l'étude particulière des quatre chapellenies de Saint-Jean-Baptiste, de Saint-Jacques, de Saint-Nicolas et de Notre-Dame, qui, dans la suite des temps, formèrent autant de paroisses distinctes. Malheureusement, quelques recherches que nous ayons faites, nous ne savons presque rien de ce qu'elles furent avant le XVIIe siècle.

La paroisse de Saint-Jean-Baptiste, qui eut le plus d'importance, nous occupera la première.

## CHAPITRE PREMIER

---

### *I. — Paroisse de Saint-Jean-Baptiste.*

La paroisse de Saint-Jean-Baptiste était la plus considérable par son étendue territoriale et par le nombre de ses habitants (1). Elle comprenait, à la Révolution — sauf l'enceinte proprement dite du château qui, nous l'avons dit, dépendait de la paroisse de Saint-Jacques —, tout l'espace limité par les douves que l'on voit encore aujourd'hui. Alors, l'agglomération des Rochettes et les habitations construites sur les fossés (champ de foire actuel) faisaient partie de la paroisse de Saint-Hilaire-de-Loulay : elles n'ont été annexées à la commune de Montaigu que par le décret impérial du 7 février 1809.

(1) D'après le Pouillé extrait de dom Fonteneau (XVIIIe siècle), elle comptait 400 communiants.

A la partie est, sur le terrain occupé par l'école des garçons que l'on vient de construire, et sur celui qui lui fait suite jusqu'aux douves, s'élevaient quelques maisons qui constituaient ce qu'on appelait le Petit-Sabot : au moment de la confection du cadastre (1814), il y existait encore quelques habitations, depuis démolies.

Il est facile de se rendre compte de l'étendue de la paroisse de Saint-Jean-Baptiste ainsi bien délimitée. Et aujourd'hui encore, l'ouverture de la douve à la jonction de la route de la Roche-sur-Yon, et le long des halles ; la voie de communication si utilement établie entre le carrefour Chauvinière et le champ de foire ; et aussi l'élargissement de la grande rue poursuivi à différentes époques, n'empêchent point de se faire une idée exacte de l'ancienne configuration des lieux. Les rues centrales ont peu changé d'aspect. Etroites, tortueuses, elles convenaient très bien pour la défense intérieure, quand les ouvrages avancés de la place n'avaient pas suffi à arrêter l'ennemi. Les habitations étaient peu confortables, ce qui ne saurait étonner chez une population souvent ruinée par les pillages qui suivaient les nombreux sièges qu'elle avait eu à supporter.

Dans le XVIIIe siècle cependant, alors que l'on ne croyait plus avoir à redouter le retour des guerres civiles, le besoin général de bien-être se fit sentir. Les possesseurs des grands fiefs voisins, après avoir pris l'habitude de venir à Montaigu pour y passer leurs quartiers d'hiver, s'y installèrent définitivement dans des demeures bien aménagées. L'amiral Du Chaffault fit construire la maison de Mme Girard et de M. Duchasténier ; le Grand-Logis, habité par Beufvier de la Sécherie et de la Lourie, et qui fut incendié pendant les guerres de Vendée, occupait l'emplacement sur lequel a été édifiée la maison Denis Douillard ; la maison de M. Richard, de la Vergne, est devenue celle de M. Charles Trastour (aujourd'hui Coussy) et de M. Dugast-Matifeux (aujourd'hui Douillard) ; la maison de Gourraud, du Butais, a été remplacée par celle de M. Joseph Gaillard (antérieurement Musset). Bellouard, de Jémonville, possédait la maison Boisseau, depuis Albert ; Robineau, de la Chauvinière, celle de M. Rigaud ; La Roche-Saint-André, des Ganuchères, celle de M. Poussin ; Irland, seigneur de Bazoges et lieutenant général de la sénéchaussée de Poitou, celle de M. Rouzeau.

Les ruines accumulées pendant la Révolution, et aussi les mutations fréquentes de la propriété depuis cette époque, rendent presque impossible de localiser la demeure des autres familles nobles. Nous nous contenterons de citer leurs noms : Sapinaud, de l'Herbergement-Ydreau ; Gastinayre, de la Preuille ; du Tréhand, du Hallay ; Charbonneau, de Saint-Symphorien ; Escoubleau, de Sourdis ; Le Lou, de Beaulieu ; Gazeau, du Ligneron ; Gazeau, de la Couprie ; Véré, de la Lardière ; Charbonneau, de Chambrette ; Marin, de la Grande-Brosse ; Royrand, de la Roussière ; Badereau, du Butais ; Du Chaffault, de la Gastière ; Chabot, de Bourdevaire ; de l'Espinay, du Pasly ; Chabot, des Coulandres. Tous ont eu des enfants nés à Montaigu ; quelques-uns s'y étaient mariés ; et les registres de la paroisse nous apprennent que l'église de Saint-Jean-Baptiste a été le lieu de sépulture d'un certain nombre d'entre eux.

Centre le plus important de la région, et le plus rapproché de la ville de Nantes, avec laquelle on avait des relations commerciales suivies, Montaigu attirait naturellement les seigneurs voisins, dont les fiefs mouvaient de son marquisat, et qui, dès lors, étaient obligés à de nombreux devoirs de vassalité. Notre petite ville était donc le lieu de réunion d'une société choisie ; et, comme elle était aussi le chef-lieu des Marches Communes de Poitou et de Bretagne, on y rencontrait de nombreux employés des aides, des traites foraines, des fermes du roy, etc., qui y vivaient au milieu de la bourgeoisie locale, représentée par les procureurs et les notaires du marquisat, les médecins, les apothicaires, le sénéchal et autres officiers de la justice seigneuriale.

Toute cette population avait élu domicile dans la paroisse de Saint-Jean-Baptiste.

Le séjour de Montaigu devait être des plus agréable par les relations qu'il procurait à ses hôtes. Toutefois, l'abandon des châteaux, tristes et solitaires demeures, n'était pas sans quelque dommage pour les habitants des campagnes. Et, alors surtout que des épidémies meurtrières — spécialement la variole — causaient une effrayante mortalité, les seigneurs oublièrent trop facilement les souffrances de leurs vassaux réduits à la misère, ce qui faisait dire à M. Davy, curé de la Bruffière : « *La* « *misère, quoique bien grande, n'a pas été si grande cette* « *année, quoique les pauvres souffrent extrêmement icy,* « *n'ayants aucun soulagement des possesseurs des grands fiefs* « *qui la possèdent en majeure partie, n'y d'aucune autre* « *part.* » [1].

Ces paroles, consignées à la fin du registre de la paroisse de la Bruffière pour l'année 1773, nous révèlent les

[1] A la fin du registre de l'année 1772, le curé Davy écrit que, sur l'ordre reçu des intendants de Bretagne par M. Bureau, son délégué à Clisson, en décembre 1773, et par M. de la Roche, subdélégué de Mgr l'Intendant de Poitiers, dans le même mois, il a fait le recensement des baptêmes, mariages et sépultures, et trouvé :

1772 : 82 naissances, 20 mariages, 131 sépultures ; « la mortalité plus grande en cette année 1772 a été en partie occasionnée par un grand cours de petite vérole et de fièvres putrides. » (La moyenne de mortalité était de 50 à 60) ;

1773 : 85 naissances, 26 mariages, 49 sépultures ; « il est à observer que, l'an passé, la petite vérole et les fièvres putrides firent à la Bruffière un ravage affreux, et que, cette année, nous n'avons pas eues de ces maladies épidémiques qui règnent néanmoins, au

malheurs de cette époque, malheurs que les ruines de la guerre civile allaient bientôt rendre plus cruels encore.

## II. — *Église de Saint-Jean-Baptiste.*

La chapellenie de Saint-Jean-Baptiste était déjà dénommée *église* en 1241. Une pièce [1], annexée à la charte de fondation de l'Aumônerie, nous apprend qu'à cette date, dans l'église de Saint-Jean *(in ecclesiâ Sancti Johannis)*, il fut fait don d'une vigne au prieur de l'Aumônerie.

Nous croyons pouvoir en conclure que la chapellenie de Saint-Jean-Baptiste avait acquis rapidement une certaine importance, ce qui s'explique naturellement par sa situation voisine du château, autour duquel la population

moins les fièvres putrides, dans les paroisses circonvoisines qu'elles ont désolées et désolent encore, et peuvent sous peu nous désoler » ;

1774 : 75 naissances, 16 mariages, 55 sépultures ; « la chèreté du bled et du vin (il valait 36 livres), en cette année où la misère était très grande, en est la cause principale (de la diminution du nombre des mariages) ainsy que la misère qui était très grande » ;

1775 : 68 naissances, 16 mariages, 55 sépultures ; « la continuation de la misère, chèreté des bleds et rareté des places où placer les nouveaux mariés en sont les véritables causes (de la diminution des mariages). »

— A Montaigu, dans la paroisse Saint-Jean-Baptiste, où l'on comptait une quinzaine de décès annuellement, il s'en produisit 47 dans le courant de l'année 1779, dont 20 en septembre et 10 en octobre.

— A Chavagnes-en-Paillers, le curé écrivit à la dernière page du registre de l'année 1779 : « Ce registre n'ayant pas suffi à cause de la dyssenterie qui a enlevé environ 120 personnes, on a été obligé d'ajouter un supplément. »

— A Saint-Hilaire-de-Loulay, où, de 1754 à 1778, la mortalité moyenne était inférieure à 35, il y eut 173 décès en l'année 1779.

(1) Nous publierons cette pièce dans notre travail sur l'Aumônerie.

devait se grouper pour sa sécurité. Cette prépondérance sur les autres chapellenies, même quand elles furent devenues églises à leur tour, l'église de Saint-Jean-Baptiste l'a toujours gardée.

L'édifice religieux que nous avons connu est le seul dont nous puissions parler. Avait-il succédé, sur place, au monument qui constituait la chapellenie primitive? Nul ne le saurait dire ; toutefois, lors de sa démolition, rien n'a révélé l'existence de matériaux plus anciens utilisés pour sa construction. En conséquence nous ne serions pas étonné que l'église et la chapellenie aient été construites sur des points différents.

L'église de Saint-Jean-Baptiste, dont nous donnons un dessin très exact, n'offrait rien de remarquable, ni même de curieux à noter (1). Placée au même lieu que celle qui l'a remplacée en 1865, elle représentait une croix latine, à une seule nef, avec cette particularité que l'abside affectait la forme carrée : ce dernier caractère prouverait, dit M. Dugast-Matifeux, que cette partie de l'église n'était pas antérieure au xve siècle. Les murs portaient la trace manifeste de nombreuses reprises dans la maçonnerie, et très certainement l'église avait eu à souffrir dans le courant des guerres de religion, alors que catholiques et protestants ne se faisaient pas faute de démolir ou de livrer aux flammes les temples consacrés au culte ennemi. Nous en trouvons la preuve dans les dates inscrites sur le bois de la charpente de l'église.

(1) Une assez mauvaise peinture de M. Walsh, alors contrôleur des contributions indirectes à Montaigu, décorait l'autel de Saint-Jean-Baptiste, placé à droite. Nous la mentionnons cependant, parce qu'elle reproduit l'aspect qu'avait, au commencement de ce siècle, le coteau bordant la rivière, et dans lequel on a récemment pratiqué un petit chemin permettant de monter facilement de la rivière au château. Ce tableau est déposé à l'hôpital depuis la démolition de l'ancienne église.

Sur un entrait de la charpente de la nef, on lisait cette phrase rimée, gravée en lettres gothiques dans lesquelles on avait coulé un encaustique noir :

L'AN MIL CINQ CENT VINGT-SEPT,

Me DOILLARD CESTE CHARPENTE A FET

L'ouvrier qui avait signé son œuvre était, sans doute, l'un des ancêtres des Douillard, que nous avons trouvés, dès le commencement du XVIIIe siècle, se qualifiant « maître architecte », et qui demeuraient aux Rochettes.

Sur un autre entrait, au-dessus de la grande porte, on avait gravé la date 1637 qu'il faut lire 1667 ; et sur l'une des pièces de la charpente du clocher, était aussi gravée cette inscription en lettres capitales :

M. IA. DAVID, Me CHARP. F. 1674

Il nous est permis de conclure de ces dates : que la voûte en bois de l'église a remplacé, en 1527, celle qui, comme à l'ordinaire, avait été construite en pierres, et que le clocher, s'il existait à cette même époque, avait été détruit puis relevé cent cinquante ans plus tard (1).

La charpente de la nef, plus spécialement, témoignait du goût artistique de son auteur. Les poinçons et les entraits étaient ornés de sculptures que bien des ouvriers de notre pays auraient peine à imiter, et la voûte, en bois et à plein cintre qu'ils soutenaient, était peinte, comme eux, en couleur bleu de ciel, sur laquelle se détachaient de nombreuses étoiles d'argent. Il ne sera pas superflu d'ajouter que la charpente de l'église collégiale de Saint-Maurice, parfaitement conservée à cette heure, rappelle

(1) Les églises de Montaigu furent brûlées par les protestants en 1568.

exactement celle de Saint-Jean, à cette seule différence près que la voûte de Saint-Maurice, dont les lambris ont disparu, était beaucoup moins élevée.

« La charpente du clocher, écrit Dugast-Matifeux [1], « en était fort grossière ; mais l'assemblage était bien « combiné et solidement établi. Aussi, quoiqu'il ne repo- « sât que sur quatre poteaux ou piliers, n'avait-il point « perdu son aplomb, malgré l'ébranlement continuel « occasionné par la sonnerie des cloches et par les oura- « gans, lorsqu'on a démoli l'église au mois d'août 1863. « Rien n'avait bougé depuis bientôt deux siècles qu'il « existait, et il eût duré des siècles encore. Le vent « d'ouest ou de marée avait seulement infléchi la barre « crucifère que surmontait le coq gaulois tranquillement « assis sur le clocher de nos églises. »

Deux cloches appelaient les fidèles aux cérémonies religieuses. Voici, consignés dans les registres de la paroisse, les actes qui les concernent :

### *Baptême de la cloche Angélique-Marie.*

1er septembre 1709. — « Le premier jour, et dimanche « de septembre mil sept cent neuf, a été faite, en l'Église « paroissiale de St Jean de Montaigu, par Msire P. Roux, « doyen de la collégiale de cette ville, la bénédiction d'une « cloche pesante six cent livres, destinée au service de ladite « Eglise et paroisse de St Jean, laquelle cloche a été nomée « *Angélique-Marie* par haut et puissant seigneur Msire Ar- « mand-Gabriel de Crux, chevalier, conte de Crux, cy- « devant colonel d'infanterie, son parain, et par dame « Angélique-Marie-Damaris-Eléonor de Turpin-Crissé, « contesse de Crux, épouse dudit seigneur conte de Crux, sa

[1] *Echos du Bocage Vendéen*, 7e année, no 1, page 14.

« maraine ; en présence de haut et puissant seigneur M[sire]
« Gabriel-Antoine de Crux, chevalier, seigneur marquis de
« Crux, Vieillevigne, Thouvois, St Etienne de Mermor,
« Grandlieu, Saffré, Rocheservière et autres lieus, et de
« haute et puissante dame Françoise de St Martin, son
« épouse, père et mère de mond. seigneur le conte de Crux,
« lesdits seigneur et dame de ce lieu ; et encore en présence
« de haut et puissant seigneur M[sire] Samuel Le Clerc,
« chevalier, seigneur marquis de Juigné, époux de haute
« et puissante dame Louise-Henriete de Crux, sœur de
« mondit seigneur le marquis de Crux, et nombreuse as-
« semblée des habitans et bourgeois de cette ville et lieux
« voisins, dont plusieurs ont signé avec nous le présent
« acte.

« Armand-Gabriel DE CRUX.

« Angélique-Marie-Eléonor-Damaris TURPIN-CRISSÉ.

« Le m[is] DE CRUX. P. DOUTEAU, curé de Montaigu. »

12 juillet 1715. — « Le douzième de juillet mil sept
« cent quinze a été faite dans l'église de cette paroisse de
« St Jean de Montaigu, par Mgr l'Illustrissime et Révé-
« rendissime Evesque de Luçon ([1]), dans le cours de sa
« visite de cette mesme paroisse, la cérémonie de la béné-
« diction d'une cloche du poids de cinq cent cinquante
« livres, destinée au service divin dans lad[e] paroisse, ayant
« été cy-devant achetée par la fabrique de lad[e] paroisse,
« bénie le premier de septembre mil sept cent neuf, rompue
« dès la mesme année pour estre mal conditionnée, et
« enfin refondue cette année par Me Pierre Charpentier,
« m[re] fondeur ; laquelle a été nomée *Angélique-Marie* par
« haut et puissant seigneur M[sire] Armand-Gabriel de
« Crux, chevalier, seigneur marquis de Crux, Montaigu,
« Vieillevigne, Rocheservière, Targé, St Maxire et autres

([1]) Jean-François de Lescure.

« lieux, parain, et par haute et puissante dame Angélique-« Marie-Damaris-Eléonore de Turpin-Crissé, marquise « de Crux, épouse dudit seigneur marquis de Crux, « maraine. — En présence de Mrs le Doyen (1), chanoines « et chapitre de la collégiale de Montaigu, et autres ecclé-« siastiques du voisinage, et de haut et puissant seigneur « Msire Samuel Le Clerc, chevalier, seigneur marquis de « Juigny (2), et de haute et puissante dame Louise-Hen-« riette de Crux, marquise de Juigny, épouse dudit « seigneur marquis de Juigny, de tous les principaux « habitants et de nombreuse assemblée de la ville et « fauxbourgs et lieux circonvoisins.

« P. DOUTEAU, curé de Montaigu. »

*Baptême de la cloche Joachine-Pélagie.*

3 octobre 1773. — « Le trois octobre mil sept cent « soixante treise, la cloche nommée *Joachine-Pélagie*, a « été bénite par nous, prêtre soussigné, curé de St Nicolas, « directeur de la conférence. Elle pèse six cent cinquante « huit livres, et coûte douze cent soixante livres, et a été « payée sçavoir : trois cent cinquante livres par la fabrique, « cent livres par la confrérie du St Sacrement, le surplus « a été donné libéralement par le général des habitants, « particulièrement par messieurs de la noblesse et par « Mr de la Roche St André, abbé de Ville-Dieu, bienfaiteur « de cette église, dont le nom est sur la cloche, et qui « devait la bénir.

« PAYRAUDEAU,
« Curé de St Nicolas. »

« POTEL,
« Curé de Montaigu. »

(1) C'était Laurent Pichaud, exilé plus tard à Saint-Michel-en-l'Herm à cause de ses opinions jansénistes.

(2) Lisez : Juigné.

Cette dernière cloche fut fondue à la Révolution. Il en fut fait sans doute de même pour la première; en tout cas, le clocher était vide lors du rétablissement du culte, après le Concordat de 1801.

Pendant la période révolutionnaire, l'église de Saint-Jean-Baptiste servit à déposer les foins, les pailles et grains de réquisition (1). Sous le Directoire, elle fut, en même temps qu'un magasin de fourrages, une sorte d'entrepôt d'instruments aratoires, d'outils industriels et même d'ustensiles de ménage pillés par les soldats dans les campagnes voisines. De sa propre autorité, M. Charles Dugast-Matifeux, alors commissaire du Pouvoir exécutif, les restitua aux malheureux dépossédés (2).

Lors du passage de Napoléon Ier à Montaigu, en 1808, le curé de Buor, après avoir présenté ses hommages au souverain, s'excusa de ne pas avoir fait sonner les cloches en son honneur : « C'est, lui dit-il, que nous n'en avons pas ! » L'excuse était valable, aussi provoqua-t-elle la promesse d'en donner une. Mais l'Empereur oublia vite sa parole, et il fallut la rappeler en haut lieu par une délibération du Conseil municipal.

(1) L'église de Saint-Jean-Baptiste servit de lieu de réunion à l'Assemblée générale des électeurs du département de la Vendée, le 11 novembre 1792, quand, en exécution des lois des 22 septembre et 19 octobre précédents, on procéda au renouvellement des corps administratifs du département. Elle n'en restait pas moins consacrée au culte, car Claude Bouche, curé assermenté de Montaigu, y chanta pour la dernière fois la grand'messe, le dimanche qui précéda l'insurrection du 13 mars 1793.

(2) Charles Dugast-Matifeux, père de notre érudit compatriote, avait été nommé commissaire du Pouvoir exécutif par arrêté du Directoire exécutif du département de la Vendée, signé Lagarde, le 27 germinal an IV (16 mars 1796). Il donna sa démission le 22 fructidor an V (9 août 1797).

Séance du Conseil municipal de Montaigu, 14 mars 1810. — « Monsieur le Maire, président, a observé au Conseil « que lors du passage de Sa Majesté impériale et royale « dans cette ville, le soir du 8 août 1808, elle daigna « recevoir les hommages des autorités locales et accueillir, « avec une bonté paternelle, l'exposé des besoins de la « commune ; qu'elle donna au maire et au curé la pro- « messe gracieuse d'une cloche, et que cette promesse « ayant été mise sous les yeux de Son Excellence « Monseigneur le Ministre des Cultes, celui-ci avait « manifesté l'intention de n'en remplir l'effet qu'autant « que le don de Sa Majesté lui seroit attesté d'une ma- « nière irréfragable ; que telle étoit la teneur de la lettre « de Son Excellence à Monsieur le Sous-Préfet de l'ar- « rondissement, en date du 17 février dernier, et dont « lecture a été faite ; que ce serait de la part du conseil « entrer dans les vues de Son Excellence et lui offrir un « gage de l'authanticité qu'elle réclame, que de s'expliquer « sur les circonstances de cet acte de bienfaisance de Sa « Majesté, et le degré de connaissance de chacun pouvait « en avoir eu.

« C'est pourquoi et pour rendre hommage à la vérité, « le Conseil municipal croit pouvoir déclarer que, le « 8 août 1808, Sa Majesté Impériale et Royale arriva à « Montaigu sur les neuf heures du soir, et qu'elle daigna « s'y arrêter environ l'espace de trois heures ; qu'au « moment de partir et se rendant à sa voiture, elle daigna « s'entretenir avec le curé de la ville [1] et lui promettre « une cloche ; que cette promesse fut recueillie de la « bouche de Sa Majesté par quelques membres du conseil « et plusieurs autres personnes dont Son Auguste per- « sonne étoit alors entourée ; que quelques instants aupa-

[1] Pierre-Charles de Buor.

« ravant, le maire de la commune (1), à qui Sa Majesté « avoit daigné accorder une audience, avoit annoncé « qu'elle avoit bien voulu lui faire la même promesse, « après l'avoir interrogé de la manière la plus détaillée, et « avec la bonté la plus touchante, sur les divers besoins « de la commune; qu'enfin cette gracieuse promesse étoit « devenue à cette époque d'une notoriété publique.

« TORTAT (2) HUCHET PAVAGEAU CHABROL-CLUZEAU
BUOR Curé de Montaigu. EVELIN TRASTOUR d. m. p. AUVYNET fils aîné. »

L'attestation du Conseil municipal décida le Ministre des Cultes à exécuter la promesse de l'Empereur. Cette cloche, qui est aujourd'hui la plus petite, porte cette inscription : NAPOLEON-JOSEPHINE. *Parrain Mr Pierre Ageron, propriétaire de la Pépinière, marraine dame Jeanne-Rose Biraud, épouse de Mr Guesdon-Gauvinière. Mr Charles. M. Jagueneau, Me I. Maire. Me Jauzelon, adit*. (sans doute administrateurs). *An 12 de la Rp. Fre* (République française.)

Ces noms, inconnus à Montaigu, et aussi la date de l'an XII (1804) sur une cloche donnée en 1808, peuvent, à bon droit, paraître étonnants. C'est tout simplement que

(1) Auvynet (Augustin-Moïse), fils aîné, alors maire, avait été membre du Comité royaliste de Montaigu, en 1793, et secrétaire de Charette. Il fut plus tard député de la Vendée, siégea à la Chambre introuvable de 1815, et devint sous-préfet des Sables à la Restauration des Bourbons.

(2) Tortat (Antoine), avoué au tribunal d'arrondissement de Montaigu, était marié à Marie-Madeleine-Éléonore-Hortense Marchegay.

C'est dans sa maison que l'Empereur était descendu et avait dîné.

M. Tortat a écrit une relation du passage de l'Empereur à Montaigu, que M. Dugast-Matifeux a publiée dans les *Echos du Bocage Vendéen*, 5e année, no 111, pp. 72 et suivantes.

La maison Tortat, qui ensuite appartint au notaire François Guitter, dit *Vertigo*, puis à la famille de Surgères, est possédée actuellement par la famille Cassard.

la cloche en question avait été fondue, en 1804, pour l'église du Petit-Bourg-des-Herbiers, et que la fabrique de cette paroisse, afin de subvenir aux dépenses d'acquisition de son presbytère, l'avait mise en adjudication et vendue aux enchères (1811) à la ville de Montaigu pour 2,610 fr. 26; rendue en place elle revint à 2,938 fr. 44. Cette dépense fut soldée par le Trésor public (1) : « C'est là ce qu'on a appelé, dans le temps, le cadeau d'une cloche fait par l'Empereur. » (Dugast-Matifeux).

Telle est l'histoire de cette cloche qui, dit la tradition, ne pouvait sonner aux Herbiers parce qu'elle était ensorcelée. Ici elle sonne toujours.

L'autre cloche, la plus grosse, est de date récente. Voici sa légende :

L'AN 1851 J'AI ETE BENITE POVR L'EGLISE DE MONTAIGV PAR Mr SIDOLI CVRE ET NOMMEE LOVISE-MARIE-LEOPOLDINE PAR Mr LEOPOLD DE MAVCLERC ET MADAME GEORGETTE-CHARLOTTE-CLEMENTINE TRASTOVR, Mr A. TRASTOVR MAIRE, Mr BARON TRESORIER DE LA F[que].

ERNEST BOLLEE FONDEVR AV MANS

Elle fut payée par le produit de la souscription des habitants, auquel s'adjoignit une somme de 1,000 francs, votée par le Conseil municipal (3 février 1851).

L'église de Saint-Jean-Baptiste était solidement construite, mais insuffisante pour le chiffre de la population, à laquelle se joignait, les dimanches et fêtes, un grand nombre de fidèles des paroisses voisines. Sa reconstruction fut décidée. D'abord, le Conseil municipal reculant devant les frais d'expropriation qu'entraînait le choix du

(1) Le Ministère des Cultes avait alloué 3,250 francs. La ville de Montaigu demanda que les 311 fr. 56 disponibles fussent employés à l'acquisition d'une horloge, mais ne fut pas écoutée.

même emplacement, proposa de donner gratuitement, sur l'esplanade du château, tout le terrain nécessaire, et d'y ajouter une subvention de 20,000 francs (7 janvier et 7 avril 1859, 10 novembre 1860). Puis, le 29 février 1861, il accepta la reconstruction sur le même lieu et vota une subvention de 25,000 francs, égale à celle de la fabrique : l'État donnait 10,000 francs. Le 5 juin 1864, la future église, dont les plans et devis avaient été établis à 97,500 francs par M. Clair, architecte du département de la Vendée, fut adjugée à M. Chacun, du bourg de Chavagnes-en-Paillers, pour 81,269 fr. 70.

La réfection de l'église coûta en définitive, avec les travaux imprévus 114,351 fr. 48, dépense qui fut couverte par les subventions de la commune, de la fabrique et de l'État ; par les souscriptions des habitants (30,000 francs), et la vente des vieux matériaux. Tout compte fait, on trouva un déficit de 61 fr. 28. Une souscription spéciale solda les frais d'établissement des voûtes, non comprises dans le devis primitif.

Il est trop rare de constater un équilibre parfait entre les dépenses et les ressources disponibles, pour que nous n'y insistions pas ici. Malheureusement, la solidité de l'édifice laisse beaucoup à désirer, et le clocher qui devrait le couronner ne pourra jamais être élevé.

Quant à l'édifice lui-même, qui a la prétention de rappeler le XIIIe siècle, il se compose de trois nefs hautes et spacieuses avec une abside profonde et bien éclairée. L'ensemble est d'un assez joli aspect, mais l'examen des détails dénote chez l'ouvrier un déplorable manque de savoir faire.

Il y a quelques années (1893) le vieil autel en bois a été remplacé par un autre en marbre de tons variés, aux extrémités duquel on a placé les anges en bois sculpté qui décoraient l'ancien autel. Ces anges méritaient d'être conservés; ils sont de bonne facture, mais ils n'en forment pas moins une association bizarre avec le monument qu'ils encadrent.

Les deux petits autels sont consacrés : celui de droite à saint Joseph ; celui de gauche, à la sainte Vierge. La patronne de la paroisse est sainte Philomène ; le patron, saint Jean-Baptiste, comme à l'origine : ces derniers n'ont pas d'autel particulier.

C'est là tout ce qui reste des anciennes chapellenies desservies avant la Révolution, ou plutôt par quoi on les a remplacées.

## *III. — Chapellenies et Stipendies desservies dans l'église de Saint-Jean-Baptiste.*

Le procès-verbal de la visite faite par Pierre Marchant, archidiacre de Luçon, en 1534, est le plus ancien document qui mentionne les diverses chapellenies desservies dans l'église de Saint-Jean-Baptiste [1]. Il nous a fourni de précieux renseignements, complétés : par le registre des Insinuations ecclésiastiques ou collations par les évêques Henri de Barillon, Jean-François de Lescure, Michel-Celse-Roger Rabutin de Bussy, Samuel-Guillaume de Verthamon de Chavagnac, Claude-Antoine-François Jacquemet Gaultier d'Ancyze ; par le Pouillé latin tiré du

[1] *Procès-verbaux de visites faites par Pierre Marchant, archidiacre de Luçon, aux églises paroissiales, collégiales, abbayes, prieurés, etc., etc., du diocèse de Luçon, commencées le 4 mars 1533 jusques au 2 juillet 1534.* 1 vol. br., 27 sur 18, couvert en parchemin. Ce manuscrit original est conservé à la Bibliothèque communale de Luçon sous le n° 3,270. Il est écrit en latin.

livre rouge (XVIIIe siècle), et le Pouillé extrait de dom Fonteneau, qui est de la même époque (1).

### 1° Chapellenie des Gestins.

*Procès-verbal de 1534*. — « Chapellenie à la présen-
« tation du seigneur de la Sénardière, dont Bertrand
« Du Chaffault est titulaire, et que dessert Messire Mathurin
« Favereau, à la charge de trois messes par chaque
« semaine. »

Cette chapellenie fut fondée en 1407.

« ... J'ai en mains, écrit Moisgas, copie de la fondation
« de la chapellenie de trois messes par semaine en l'église
« de Saint-Jean de Montaigu, à l'*Aultier* Crucifix ; savoir
« le lundi, mercredi et vendredi, et par spécial le lundi
« de *Requiem* sur les défunts, à l'honneur et à la louange
« de la benoiste Trinité, de la glorieuse Vierge Marie et
« de la Cour *Célestielle* de Paradis, faite par *Jehan Gestin*,
« écuyer, sieur de la *Mothe-Gestin* et de la *Sénardière* (2),
« devant Léonard Thévin et Guillaume Gras-Morton,
« clercs jurés de la cour de Montaigu, le 8 janvier 1407 ;
« pour la dotation de laquelle chapellenie, mondit sieur
« Gestin lègue les parts qui lui appartiennent en les dîmes
« de bled, potage, navines qu'autres fruits qui croissent
« en les villages de la *Guitonnière*, de la *Négrie*, de la
« *Souletière*, de la *Massetière*, de *Sénard*, de la *Richar-
« dière*, de *Châteauneuf*, de la *Gendrière*, de la *Haute-
« Écornière*, de l'*Écornière*, que tient *Raoul de la Painerie*,

(1) M. l'abbé Hippolyte Boutin, directeur des *Archives Paroissiales du diocèse de Luçon*, a bien voulu relever pour nous les indications contenues dans ces registres. Il l'a fait avec une bienveillance dont nous lui exprimons nos très vifs remercîments.

(2) La Motte-Gestin et la Sénardière sont situées dans la commune de Boufféré. Tous les autres lieux nommés dans la suite de notre citation, sont situés dans la commune de Saint-Hilaire-de-Loulay, à l'exception toutefois de Châteauneuf, les Échapillières et l'Euraudière, qui, s'ils y ont existé, ont du moins disparu.

« de la *Cantinière*, des *Noues*, de l'*Espinacière*, de la « *Naronnière* (1) et autres lieux, lesquelles parts consistent « dans les deux tiers de cinq parties; les droits qu'il a « dans les fiefs de vigne de la *Négrie*, de l'*Espinacière*, « des *Cantinières* et du *Moulin-Gros*, des *Échapillières* et « de l'*Euraudière ;* tous ses droits de cens et de rentes, « gardes et foulages dans lesdits fiefs des *Écharpillières* « et de l'*Euraudière ;* un septier de seigle de rente, mesure « de Montaigu, à prendre sur le tennement de l'*Érau-* « *dière* (2) et un autre septier de seigle dû sur le tennement « de la *Haute-Roulière*, et sont toutes lesdites choses « situées en et au dedans de la châtellenie dudit Mon- « taigu, à la charge par le Titulaire de les tenir en franc « gariment, à deux deniers de noble et franc devoir dudit « sieur de la Mothe-Gestin, sous l'hommage qu'il en fait « à M. de Montaigu ; la présentation de laquelle chapel- « lenie des *Gestins* est expressément retenue aux seigneurs « de la Motte-Gestin, et la collation au seigneur, évêque « de *Luçon*.

« Vous voyez, M., que les revenus de cette chapellenie « doivent être aujourd'hui considérables, et que ce titre « doit être utile aux représentans du Fondateur, ou au « Titulaire actuel, s'ils n'en ont point un double ; c'est « pourquoi je me ferai non seulement un sensible plaisir, « mais même un vrai devoir de le remettre gratuitement « à ceux à qui il appartiendra. » (3).

(1) Au lieu de Massetière et de Naronnière, il faut lire : *Mussetière* et *Marionière*.

(2) Le texte porte bien ici l'*Éraudière*, comme plus haut *Échapillières* et *Écharpillières*.

(3) Quarante-huitième lettre de M. Moisgas, avocat-feudiste à Mortagne (Bas-Poitou), à l'Auteur des Affiches. — *(Annonces et affiches de la Province du Poitou,* n° 13, du jeudi 13 mars 1785, p. 48.)

Jehan Gestin, sieur de la Mothe-Gestin, qui vivait encore en

Dans un aveu du 19 avril 1773 que rendent « à haut et puissant seigneur Messire Henry-René de Chevigné, seigneur de Bois-Chollet, l'Herbergement-Entier, Bois-Macé et autres lieux, Jeanne Gratton, veuve de feu Louis Bretin, en son vivant laboureur, demeurant au village de la Sébrandière, et Pierre Gendre, maître couéticier, mary et procureur de Catherine Bonnet, son épouse, demeurant à la Renaudière, les deux paroisses de Vieillevigne », ces derniers reconnaissent devoir, sur le tènement des Caillauds, en outre de beaucoup d'autres, « la rente simple, foncière et non féodalle, de cinquante-six boisseaux de seigle à la chapelle des Gestins, au terme de my aoust ». Fait et passé au lieu de la Souvétrière, en les Brouzils, le 19 avril 1773. Signé : Gourraud, notaire ; Fréneau, notaire à la requeste. — Controllé à Montaigu, le 25 avril 1773. Signé : Goupilleau [1].

Par acte du 4 juin 1787, passé devant Sorin et Gourraud, notaires du marquisat de Montaigu, Messire Charles Michel, prestre du diocèze de Luçon, vicaire de la paroisse d'Avrillé, demeurant au château de la Guignardière, paroisse d'Avrillé, afferma à François Jagueneau, marchand, et Louise Pineau, sa femme, demeurant en la ville de Montaigu, paroisse de Saint-Jean, et pour cinq années consécutives qui commenceront le 1er janvier 1788, *le revenu temporel du bénéfice des Gestins, desservi dans l'église de Saint-Jean de Montaigu, dont ledit Michel est titulaire, consistant en droits de dixmes et rentes en grains à percevoir sur différents dhomaines de la paroisse de Saint-*

1412, avait eu pour fille unique Durable Gestin, laquelle épousa, vers 1400, Thibaut Du Chaffault, et porta ainsi dans la maison de son mari les terres de la Sénardière, la Mothe-Gestin, la Maulionière et la Marzelle. Durable Gestin mourut en 1436, étant veuve depuis le 17 septembre 1406.

(1) Archives de l'hôpital de Montaigu, liasse B17.

*Hilaire-de-Loulay*, le tout ainsi et de la même manière que ledit bénéfice était possédé par le feu sieur Bourasseau, dernier titulaire, et qu'en jouit actuellement, à titre de bail à ferme, ledit Jagueneau, sans aucune réserve de la part dudit Michel, pour *deux cent soixante livres par an*, payables et rendables au château de la Guignardière.

Ledit Michel reconnaît avoir reçu des preneurs la somme de trente-six livres pour pot-de-vin (1). Signé : Charles-Michel-François Jagueneau ; Louise Pineau ; Gourraud, notaire royal ; Sorin, notaire royal, pour registre. — Controllé à Montaigu, le 12 juin 1787, par Goupilleau, qui a reçu 4 livres 10 sols (2).

Le fermier ne perdait pas certainement à ce contrat, et, sans exagération, on peut évaluer le revenu réel du bénéfice à plus d'un millier de francs de notre époque.

## Prêtres titulaires ou bénéficiers.

1534. — Bertrand Du Chaffault.

Entre 1699 et 1704 (3). — Gillet des Herbiers.

On lit dans le *Deuxième Registre des Insinuations ecclé-*

(1) Le pot-de-vin spécifié dans un bail, était considéré comme faisant partie du prix, et s'appliquait aux années de jouissance : aussi, en cas de cession ou de résiliation du bail, on tenait compte du pot-de-vin au prorata du temps restant à courir.

(2) Extrait des minutes du notaire Sorin, conservées dans l'étude de Me Duchasténier, notaire à Montaigu. M. Duchasténier a mis les minutes anciennes de son étude à notre entière disposition, avec une amabilité et une complaisance dont nous nous plaisons à lui témoigner nos sincères remercîments.

(3) Les registres des Insinuations ecclésiastiques ne donnent, malheureusement, que de très rares dates des actes épiscopaux qu'ils relatent. Nous ne pouvons, le plus ordinairement, indiquer exactement quand les bénéficiers ont pris possession de leur bénéfice, ni quand ils ont été remplacés. Donc, en disant qu'entre telle et telle date N... a été bénéficier, nous n'entendons parler que de la nomination, et non de la durée de jouissance du bénéfice.

*siastiques* relatant les actes du 18 juillet 1699 au 12 juin 1704, sous l'épiscopat de Jean-François de Lescure :

N° 276. — Prise de possession de la chapelle des Gestins, à Montaigu, pour M. Gillet des Herbiers.

19 novembre 1719. — Louis DE LA ROCHE-SAINT-ANDRÉ.

*Sixième Registre*, id., du 27 mars 1719 au 26 février 1624 :

N° 62. — Présentation et visa de la chapelle des Gestins, à Saint-Jean de Montaigu, pour M. de la Roche-Saint-André.

N° 88. — Procuration et prise de possession de la chapelle des Gestins, pour M. de la Roche-Saint-André.

La collation par l'évêque est du 19 novembre 1719.

Entre 1746 et 1753. — Louis-René DU CHAFFAULT [1].

*Douzième Registre*, id., du 2 septembre 1746 au 6 juillet 1753, sous l'épiscopat de Samuel-Guillaume de Verthamon de Chavagnac :

N° 367. — Visa, présentation, démission et procuration de la chapelle des Gestins, à Saint-Jean de Montaigu, pour M. Louis-René Du Chaffault.

N° 367 *bis*. — Prise de possession de la chapelle ou stipendie des Gestins, à Saint-Jean de Montaigu, pour le même.

Entre 1753 et 1761. — Jean-René BOURASSEAU [2].

(1) Serait-ce Louis-René, fils de Claude Du Chaffault, seigneur de la Sénardière, et de sa seconde femme Marie de la Roche-Saint-André, qui naquit à Montaigu, en la paroisse de Saint-Jean-Baptiste, le 12 février 1683..?

Il aurait ainsi succédé à son parent dans le bénéfice fondé par sa famille.

(2) Il était chanoine de Saint-Maurice de Montaigu, depuis 1738 ; il mourut à Montaigu le 18 avril 1787, âgé de 72 ans, et fut inhumé le lendemain dans le cimetière de la collégiale.

*Treizième Registre*, id., du 7 juillet 1753 au 20 février 1761 :

N° 388. — Présentation de la chapelle des Gestins, à Saint-Jean de Montaigu, pour M. Jean-René Bourasseau, et visa de la dite chapelle.

N° 391. — Prise de possession de la chapelle des Gestins, au même lieu, pour le même.

1787, après le 18 avril. — Charles Michel, vicaire d'Avrillé.

## 2° Chapellenie de Saint-Antoine de la Buletière (1).

*Procès-verbal de 1534.* — « Chapellenie à l'autel de « Saint-Antoine, à la présentation du seigneur de la Bule- « tière, dont Messire Guillaume Drouet (ou Dronet) est « titulaire, et que dessert Messire Pierre Giguet (2), à la « charge de deux messes par chaque semaine. »

*Registre des Insinuations ecclésiastiques de l'évêque Colbert* (1665-1668) :

« La chapellenie de la Bulletière, desservie à l'autel « de Saint-Antoine, est à la présentation du seigneur de « la Bulletière, mais l'évêque a maintenant le droit de « présentation, parce que led. seigneur est tombé dans « l'hérésie. » (3).

(1) On a dit aussi *Beloutière ;* on écrit maintenant Bultière. Cet ancien fief, situé dans la commune de Chavagnes-en-Paillers, est en la possession actuelle de M. Charles Legras de Grandcourt, par son mariage avec Mlle Thiériot.

(2) Ce Pierre Giguet était en même temps vicaire de la paroisse Saint-Jean-Baptiste, dont Jules Giguet, son oncle probablement, était curé.

(3) Ce devait être un Savary.

## Bénéficiers

1665. — CASSAGNES.

*Registre des Insinuations ecclésiastiques de l'évêque Nicolas Colbert :*

1665, 4 décembre. — Collation à Maître Cassagnes, clerc du diocèse de Nîmes, de la chapellenie dite des *Bulletières*, fondée et desservie à l'autel de Saint-Antoine dans l'église paroissiale de Saint-Jean de Montaigu, à la présentation du seigneur de la Bulletière, mais conférée par l'évêque, *jure devoluto*, parce que le dit seigneur de la Bulletière a embrassé l'hérésie.

1666, 5 janvier. — « Acte de refus de la chapellenie de « Saint-Antoine de la Bulletière, desservie dans l'église « de Saint-Jean de Montaigu, délivré à Grégoire Clériceau, agissant comme procureur de Msire Pierre Clé« riceau, prêtre, curé de Notre-Dame de Rochecervière, « diocèse de Luçon, fondé de procuration reçue par « Cailleteau et Clériceau, notaires à la chastellenie de « Rochecervière, en date du trois des présents mois et « an, de pourvoir ledit Pierre Clériceau de la chapelle ou « stipendie de Saint-Antoine, *alias* de la Bulletière, sur « la présentation que led. Pierre Clériceau en a obtenu « du sr Daniel Savary, sieur de la Rigaudière, en date de « ce jour. Vu par nous lesd. actes de présentation et pro« curation.... déclarons que le droit de présenter à lad. « chapelle estant dévolu à mondit seigneur l'Evêque, « attendu que le véritable présentateur d'icelle faisoit pro« fession de la religion prétendue réformée, nous en avons « déjà pourvu, et que, partant, nous ne pouvons en pour« voir de nouveau led. Clériceau. »

1666. — Étienne du Mesnil.

*Registre*, id., 1666, 17 juin. — Collation à Me Étienne du Mesnil, prêtre, docteur en théologie en Sorbonne, du diocèse de Chartres, de la chapellenie dite de la Bulletière fondée à l'autel Saint-Antoine dans l'église paroissiale de Saint-Jean de Montaigu, le droit de présentation étant dévolu à l'évêque parce que le seigneur de la Bulletière a embrassé l'hérésie calviniste.

Entre 1699 et 1704. — Bégaud.

*Deuxième Registre*, id., du 18 juillet 1699 au 12 juin 1704, sous l'épiscopat de Jean-François de Lescure :

N° 329. — Prise de possession de la chapelle de Saint-Antoine, pour M. Bégaud.

Entre 1709 et 1719. — Chézard.

*Quatrième Registre*, id., du 5 septembre 1709 au 6 septembre 1719, même épiscopat :

N° 472. — Prise de possession de la chapelle de Saint-Antoine à Saint-Jean de Montaigu, pour M. Chézard.

Ce bénéficier avait été auparavant, et très peu de temps, doyen de la collégiale de Saint-Maurice. Sa démission du doyenné est relatée au n° 337, du même registre.

Entre 1732 et 1736. — Armand Audureau.

*Neuvième Registre*, id., du 2 janvier 1732 au 2 novembre 1736, sous l'épiscopat de Michel-Celse-Roger Rabutin de Bussy :

N° 372. — Présentation et visa de la chapelle ou stipendie de Saint-Antoine à Saint-Jean de Montaigu, pour M. Armand Audureau.

N° 378. — Prise de possession, par le même.

Entre 1761 et 1768. — Audureau (sans doute parent du précédent).

*Quatorzième Registre*, id., du 21 février 1761 au 15 juillet

1768, sous l'épiscopat de Charles-Antoine-François-Jacquemet Gaultier d'Ancyze :

N° 161. — Prise de possession de la chapelle ou stipendie de Saint-Antoine à Saint-Jean de Montaigu, pour M. Audureau.

Par son testament, en date du 7 juillet 1382, dame Aliénor de Bazoges-en-Paillers, demanda « *qu'en l'honeur* « *et remembrance de Monsieur S^t Yves, il fut mis une image* « *de bois ou de pierre en l'église de S^t Jehan de Montaigu,* « *à l'aultier de Monsieur S^t Antoine.* » [1].

Dans un aveu du 8 juillet 1700, rendu à Gabriel-Antoine de Crux, seigneur de Montaigu, les teneurs du village et tènement de Heudin, en la paroisse de Saint-Hilaire-de-Loulay, reconnaissent devoir une rente annuelle de 40 sols, au terme de Noël, à la chapelle de Saint-Antoine. L'acte est signé à leur requête par Thoumazeau et Badereau, notaires du marquisat de Montaigu [2].

### 3° Chapellenie des Restoubleaux

*Procès-verbal de la visite de 1534.* — « Chapellenie à l'autel de la Bienheureuse Marie, à la présentation alternative du chapitre de l'église collégiale (de Saint-Maurice) de Montaigu, et de Nicolas de la Roche, écuyer, seigneur

(1) *Affiches du Poitou*, n° 6, du jeudi 8 février 1781. — Moisgas, qui fait cette communication, ajoute que, par le même acte, elle demanda « à être enterrée devant le grand aultier de l'église paroissiale de N.-D. des Brouzils ; que chacune personne, de bonne fame (renommée), plaintive d'elle, fût crue jusqu'à cinq sous et non plus, si elle ne le prouvoit ; qu'il fut donné cinquante sous, une fois payés, aux Frères Mineurs de Partenay, pour dire et célébrer cinquante messes, et autant aux Jacobins de Beauvoir-sur-Mer pour autant de messes.... et qu'il fût donné à chaque pauvre qui assistera à sa sépulture cinq deniers. » *Ibid.*, pp. 21 et 22.

(2) Archives de l'hôpital de Montaigu, liasse B7.

de la Roche, dont le titulaire est Charles de Montsorbier, et que dessert Messire Mathurin Chaillou [1], à la charge de trois messes par chaque semaine. »

— *Registre des Insinuations ecclésiastiques de l'évêque Nicolas Colbert* (1665-1668) : mêmes indications, avec cette désignation plus précise qu'il s'agit de noble homme de la Roche de *Saint-André-Treize-Voies*.

— *Pouillé extrait de Dom Fonteneau :* même patronage. Le bénéfice rapporte au desservant 200 livres, à charge de deux messes au lieu de trois, comme il est dit auparavant.

**Bénéficiers**

1534. — Charles DE MONTSORBIER.

Avant 1666. — Pierre POULAIN.

29 octobre 1666. — Pierre THIBAUDEAU.

*Registre des Insinuations ecclésiastiques de Nicolas Colbert :*

29 octobre 1666. — Collation à Me Pierre Thibaudeau, clerc de notre diocèse et chanoine prébendé de l'église de Saint-Maurice de Montaigu, de la chapellenie des Restoubleaux fondée dans l'église paroissiale de Saint-Jean de Montaigu, vacante par la mort de Me Pierre Poulain dernier bénéficier, à la présentation alternative des vénérables doyen, chanoines et chapitre de l'église collégiale de Saint-Maurice dudit lieu, et du seigneur temporel de la noble maison de la Roche (Saint-André), située dans la paroisse de Saint-André-Treize-Voies, diocèse de Nantes.

29 octobre 1666. — Julien BAUBIGNY.

*Registre*, id. :

29 octobre 1666. — Collation à Me Julien Baubigny,

[1] Dans cette visite de 1534, Mathurin Chaillou est désigné vicaire de l'église collégiale de Saint-Maurice.

prêtre du diocèse d'Avranches, de la chapellenie des Restoubleaux, etc., etc., à la présentation du seigneur Louis de la Roche, chevalier, seigneur de la Roche-Saint-André, etc.

29 octobre 1666. — Étienne PERSONNIER.

*Registre*, id. :

29 octobre 1666. — Collation à Me Étienne Personnier, prêtre, recteur de l'église paroissiale de Saint-Hilaire-de-Loulay, de la chapellenie des Restoubleaux, vacante par la mort de Pierre Poulain, à la présentation des chanoines de Saint-Maurice.

On trouve encore dans le même registre, deux autres collations pour le bénéfice des Rétoubleaux : le 11 mai 1667, pour Pierre Thibaudeau ; et le 3 juin 1667, pour Étienne Personnier. C'est la preuve qu'il y avait ardente compétition, mais nous ignorons qui l'emporta.

Entre 1692 et 1699. — TARDIVEAU.

M. Tardiveau avait été présenté par le seigneur de la Roche-Saint-André à l'évêque, qui refusa son visa. Les chanoines de Saint-Maurice présentèrent alors leur doyen, M. Dubos, ce qui n'empêcha M. Tardiveau de prendre possession civile du bénéfice, en même temps qu'il en appelait de la décision de l'évêque près de l'archevêque de Bordeaux. Celui-ci lui donna gain de cause comme il résulte des indications suivantes :

*Premier Registre des Insinuations ecclésiastiques*, du 3 août 1692 au 11 juillet 1699, sous l'épiscopat de Henri de Barillon :

No 368. — Présentation de la chapelle dénommée des Ressubleaux (*sic*), pour M. Tardiveau, et le refus du visa.

No 371. — Visa et prise de possession de la chapelle des Ressoubleaux pour M. Dubos, doyen de Montaigu.

N° 389. — Présentation de la chapelle des Restoubleaux par le chapitre de Montaigu à M. Dubois *(sic)*.

N° 389 *bis*. — Prise de possession civille de la chapelle des Restoubleaux pour M. Tardiveau, avec opposition.

N° 404. — Requeste, procuration, sous-seing privé, visa de Mgr l'Archevêque de Bordeaux, et prise de possession de la chapelle des Restoubleaux pour M. Tardiveau.

Entre 1728 et 1731. — Jacques DENIS.

*Huitième Registre*, id., du 4 février 1728 au 29 décembre 1731, sous l'épiscopat de Michel-Celse-Roger Rabutin de Bussy :

N° 178. — Présentation et visa de la chapelle ou stipendie des Rétoubleaux à Saint-Jean de Montaigu, pour M. Jacques Denis.

N° 195. — Prise de possession, etc., etc., pour M. Jacques Denis, chanoine.

Entre 1728 et 1731. — Antoine-Gabriel-René LE MAIGNANT DE L'ÉCORCE.

*Huitième Registre*, id. :

N° 293. — Visa de la chapelle ou stipendie des Rétoubleaux, desservie à Saint-Jean de Montaigu, pour M. Antoine-Gabriel-René Le Maignant.

N° 300. — Stipendie des Rétoubleaux, pour le même.

N° 309. Id. id.

Entre 1741 et 1746. — Mathurin DOUTEAU (1).

*Onzième Registre*, id., du 2 décembre 1741 au 1er sep-

(1) Mathurin Douteau était, depuis 1739, curé de la paroisse de Saint-Jacques de Montaigu. Nous donnerons sur lui, à l'historique de sa paroisse, quelques détails intéressants.

tembre 1746, sous l'épiscopat de Samuel-Guillaume de Verthamon de Chavagnac :

N° 572. — Visa et prise de possession de la chapelle des Rétoubleaux de Saint-Jean de Montaigu, pour M. Mathurin Douteau, prêtre, chanoine de Montaigu.

N° 573. — Présentation, pour le même.

17 mai 1748. — Messire Mathurin Douteau, prêtre, curé de Saint-Jacques de Montaigu, et titulaire de la chapelle des Rétoubleaux desservie en l'église de Saint-Jean-Baptiste de Montaigu, afferme à Me Denis Douillard, architecte, et Geneviève Guibert, sa femme, demeurant à Montaigu, paroisse de Saint-Jean, pour cinq années à partir du 1er janvier dernier, et moyennant 110 livres par an, « toutes les dixmes dépendantes dudit bénéfice et chapellenie des Retoubleaux, qui se lèvent en espèces, tout aussy et de la manière que led. sieur Douteau a coutume les percevoir, en la paroisse de St Hilaire de Loulay ; et, en outre, la portion qui luy revient dans les rentes de seize boisseaux seigle, mesure de Montaigu, dhue à ladite chapelle sur la maison de la Pénerie ; plus celle de dix boisseaux seigle, susd. mesure, à prendre sur la maison de la Mussetière, le tout dans la paroisse de St Hilaire de Loulay. » (1).

Entre 1753 et 1761. — René-Claude DE LA ROCHE-SAINT-ANDRÉ.

*Treizième Registre*, id., du 7 juillet 1753 au 20 février 1761, sous les épiscopats de de Verthamon de Chavagnac et de Claude-Antoine-Jacquemet Gaultier d'Ancyse :

N° 371. — Présentation, procuration et visa de la cha-

(1) Acte de Bouron, notaire de Saint-Georges de Montaigu : étude Me Charruel, notaire à Chavagnes.

pelle des Rétoubleaux à Montaigu, pour René-Claude de la Roche-Saint-André.

N° 381. — Prise de possession par le même.

N° 540. — Brevet du Roy de la chapelle des Rétoubleaux à Saint-Jean de Montaigu, pour M. René-Claude de la Roche-Saint-André, et prise de possession.

### 4° Chapellenie des Bernardins

*Procès-verbal de la visite de 1534.* — « Chapellenie dénommée des Bernardins, à la présentation des seigneurs de la Patissière, de la Thibaudière, de la Roche et de quelques autres, dont le titulaire est Messire Jacques Royrant, prêtre, et que dessert Messire Guillaume Duret (1) à la charge de deux messes. »

### Bénéficier

1534. — Jacques Royrant.

— Nous n'en connaissons pas d'autres.

### 5° Stipendie de Saint-Nicolas

*Procès-verbal de la visite de 1534.* — « Stipendie de St Nicolas, à la présentation (2) du seigneur de la Roche, dont le bénéficier est Messire Jean Burluet, et que dessert Gabriel Tillon, à la charge de deux messes. »

(1) Guillaume Duret était en même temps vicaire de la collégiale de Saint-Maurice.

(2) Le texte dit : *Ad collationem.* C'est une erreur. (Voir la première note de la page suivante.)

## 6° Autre stipendie de Saint-Nicolas

*Procès-verbal de la visite de 1534.* — « Autre stipendie au même autel, à deux messes de fondation, dont Jean Sauvaget est bénéficier, et que dessert Maurice N..., à la charge de deux messes. »

## 7° Stipendie à l'autel de la Bienheureuse Marie

*Procès-verbal de la visite de 1534.* — « Autre stipendie à l'autel de la Bienheureuse Marie, à la présentation (1) du chapitre de l'église collégiale de St Maurice de Montaigu, dont Messire Médard de Brouel (2) est bénéficier, à la charge de deux messes, dont l'une est acquittée par Maurice Lebret (3) ; l'autre n'a pas été dite depuis la dernière fête de Pâques, et c'est pourquoi le titulaire susdit sera cité devant nous. »

Nous pensons qu'il s'agit ici de la stipendie de Notre-Dame la Grande, *Stipendia N.-D. Magnæ.*

(1) Le manuscrit dit : *Ad collationem capituli ecclesiæ collegiatæ Sancti Mauricii.* Il y a là une erreur manifeste. La collation ou droit de conférer un bénéfice n'appartenait qu'à l'évêque, c'est pourquoi nous avons traduit : à la présentation du chapitre.

(2) Dans le procès-verbal de la visite de l'église de Saint-Hilaire-de-Loulay, par l'archidiacre Marchant, le 5 juin 1534, Médard de Brouel est qualifié : *Assertus rector ecclesiæ parrochialis Sancti Hilarii de Lolayo.* Il y avait, en effet, compétition entre lui et Alain Goret, dont l'homonyme fut curé de la même paroisse de 1739 à 1779.

(3) Ce Maurice Lebret, lors de la visite de l'archidiacre Marchant en juin 1534, remplaçait le prieur de Saint-Jacques dont il était le fermier, *suus fermarius.*

### Bénéficiers

1534. — Maurice LEBRET.

Entre 1746 et 1753. — Joseph-Généreux LE RETZ.

*Douzième Registre*, id., du 2 septembre 1746 au 6 juillet 1753, sous l'épiscopat de de Verthamon de Chavagnac :

N° 5. — Visa de la chapelle ou stipendie de N.-D. la Grande, à Saint-Jean de Montaigu, pour M. Joseph-Généreux Le Retz.

Si nous avons pu suivre, jusqu'au dernier quart du XVIII^e siècle, l'existence des chapellenies des Gestins, de la Buletière et des Rétoubleaux, nous avons été moins heureux pour la chapellenie des Bernardins et les deux stipendies de Saint-Nicolas. Ces trois dernières fondations disparurent-elles, ou se confondirent-elles avec d'autres ? Toujours est-il que le *Pouillé latin* du XVIII^e siècle, tiré du livre *rouge*, mentionne simplement « quatre chapellenies dans l'église de Saint-Jean, fondées par les seigneurs et dame de Valle (Laval), dont deux à l'autel du Crucifix, et deux à l'autel de la Bienheureuse Marie, qui valent chacune quinze livres. »

Un peu plus tard, le *Pouillé extrait de Dom Fonteneau* cite les chapellenies des Rétoubleaux, des Tétards et des Étaux. Ces deux dernières ne sont pas mentionnées dans la visite de 1534.

C'est que la chapellenie des Testards avait été primitivement fondée dans l'église Notre-Dame, comme le prouve l'acte de collation du 27 janvier 1668, que nous donnons plus loin, et transférée dans l'église de Saint-Jean quand l'église de Notre-Dame ruinée, fut devenue inutilisable.

Il en fut de même pour la chapellenie des Étaux, aussi indiquerons-nous ses fondateurs au chapitre que nous consacrerons à la paroisse de Notre-Dame.

### 8° Chapellenie des Testards (1)

D'après le *Pouillé extrait de Dom Fonteneau*, l'évêque de Luçon était le patron de cette chapellenie qui rapportait au desservant de 60 à 100 livres, à la charge d'une messe.

30 décembre 1773. — Dans un aveu rendu à haut et puissant seigneur Messire René-Henry de Chevigné, chevalier, seigneur du Bois-de-Cholet, l'Herbergement-Entier, Bois-Macé et autres lieux, Louis Piveteau, bordier, demeurant au village de la Bouesse, paroisse de Saint-Georges, avoue tenir, roturièrement, certains domaines sis et situés sur le tènement de la Guibondelière, du Chaillou, et de la Gaudinière, le tout en la paroisse des Brouzils, sur lesquels il est dû, entre autres, une rente simple et foncière de trente-deux boisseaux de seigle, mesure de Montaigu, plus deux livres en argent, au chapelain de la chapellenie des Testards. Le seigle est dû au terme de mi-août; l'argent, au terme de Noël (2).

Par la loi du 4 ventôse an IX (23 février 1801) et l'arrêté du 7 messidor suivant (26 juin 1801), l'hôpital de Montaigu devint propriétaire de ces rentes, qui n'avaient pas été payées depuis longtemps. Aussi, le 14 mars 1810, par acte

(1) Dans l'acte de collation du 27 janvier 1668, elle est nommée Sainte-Marie des Testards.

(2) Archives de l'hôpital de Montaigu, liasse $B^5$. L'aveu est signé par Louis Piveteau, et, à sa requête, par Bégaud et Fresneau, notaires.

Ces rentes avaient été reconnues, le 1er juillet 1773, par acte passé devant Gourraud et Fresneau, notaires.

passé devant Thibaud et son collègue Charrier, notaires à Montaigu, les administrateurs de l'hôpital se les firent reconnaître par un titre nouveau, et les arrérages échus jusqu'à mi-août 1809, furent évalués à 400 livres tournois seulement, « en raison des pertes que les propriétaires du tènement ont éprouvées du fait de la guerre. »

Ces rentes ont depuis lors été amorties.

### Bénéficiers

27 janvier 1668. — François CHESNEAU.

27 janvier 1668. — Collation par Nicolas Colbert à M. François Chesneau, clerc du diocèse de Poitiers, de la chapellenie de Sainte-Marie des Testards (1), fondée dans l'église de Notre-Dame de Montaigu.

19 juillet 1720. — Étienne-René COUTACHEAU.

19 juillet 1720. — Collation de la chapellenie des Testards à Saint-Jean de Montaigu, à M. Étienne-René Coutacheau, par Jean-François de Lescure, évêque de Luçon.

## 9° Chapellenie des Étaux, *alias* de la Gîte (2)

*Pouillé extrait de Dom Fonteneau* : le doyen de Montaigu en est le patron ; elle rapporte 50 livres, à la charge d'une messe.

1791. — Le temporel de la chapellenie de la Gîte ou des Étaux, situé en la paroisse de la Guyonnière, et dont

(1) Nous n'avons pas trouvé ailleurs cette dénomination.

(2) Il y avait à Montaigu un pré dit Pré de la Chapelle des Étaux. (Voir sépult. du 8 février 1710.)

était titulaire le sieur Martin, fut affermé aux Religieuses Fontevristes de Montaigu, suivant bail en date du 10 juillet 1781, au rapport de Sorin notaire à Montaigu.

Le 10 janvier 1791, ce même temporel fut adjugé par le Directoire du district de Montaigu à Hardouin-Aimé Thiériot, pour la somme de 2,050 livres (1).

## Bénéficiers

Entre 1692 et 1699. — Jacques CLÉNET (2).

*Premier Registre des Insinuations*, etc., etc., du 3 août 1692 au 11 juillet 1699, sous l'épiscopat de Henri de Barillon :

N° 468. — Visa et prise de possession de la chapelle des Étaux pour M. Clénet.

Entre 1724 et 1728. — Étienne RAYER (3).

*Septième Registre*, id., du 2 mars 1724 au 3 février 1728, sous l'épiscopat de Michel-Celse Rabutin de Bussy :

N° 393. — Prise de possession de la chapelle des Étaux, *alias* de la Gite, à Saint-Jean de Montaigu, pour M. Étienne Rayer.

Entre 1728 et 1731. — Michel LANDRIEAU

(1) La pièce de la Gîte : plan cadastral de la commune de la Guyonnière n° 10, section G, d'une contenance de 3 hectares 02 ares 40 centiares.

(2) Il fut curé de la paroisse de Saint-Jean de Montaigu, de 1697 à 1708.

(3) Nous le trouvons : diacre-sacriste de la collégiale de Saint-Maurice, le 14 octobre 1683 ; prêtre, le 9 février 1709, et chanoine de Saint-Maurice, vers 1719.

*Huitième Registre*, id., du 4 février 1728 au 29 décembre 1731, sous l'épiscopat de Michel-Celse-Roger Rabutin de Bussy :

N° 110. — Visa de la chapelle des Étaux, à Saint-Jean de Montaigu, pour M. Michel Landrieau.

Entre 1728 et 1731. — Jacques-François Rousseau.

*Huitième Registre*, id. :

N° 115. — Visa et procuration de la chapelle des Étaux à Saint-Jean de Montaigu, pour M. Jacques-François Rousseau.

??... — François Musset [1].

Entre 1753 et 1761. — Hugues-François Martin [2].

*Treizième Registre*, id., du 7 juillet 1753 au 20 février 1761, sous les épiscopats de de Verthamon de Chavagnac, et de Claude-Antoine-François-Jacquemet Gaultier d'Ancyze :

N° 550. — Présentation de la chapelle de Saint-Antoine de la Gite [3], à Saint-Jean de Montaigu, pour M. Hugues-François Martin.

N° 559. — Brevet du Roy de la chapelle de Saint-Antoine de la Gite à Montaigu, pour M. Hugues-François Martin et prise de possession.

(1) Nous avons trouvé ce nom dans les papiers de M. Dugast-Matifeux.

(2) Il signe : *clerc*, le 17 octobre 1756, sur les registres de la paroisse Saint-Jean. Son nom figure, comme témoin, au bas de nombreux actes de sépulture.

(3) C'est une désignation de la chapellenie que nous n'avons pas trouvée ailleurs.

## *III. — Confréries.*

Il existait quatre confréries érigées sous les vocables de la *Bienheureuse Marie*, du *Très-Saint-Sacrement*, de la *Charité*, et de *Notre-Dame des Agonisants.*

### 1° Confrérie de la Bienheureuse Marie

Nous ne la connaissons que par le procès-verbal de la visite de l'église Saint-Jean, du 5 juin 1534, par l'archidiacre Marchant : « Il existe dans l'église de Saint-Jean-Baptiste une confrérie de la Bienheureuse Marie, dont les administrateurs sont Louis Bonnyn et Maurice Fumé, qui ont succédé en cette charge à Étienne Nauleau et à Gabriel Tillon. »

### 2° Confrérie du Très-Saint-Sacrement

Cette confrérie ([1]) existait dès 1705, puisque le jour de Noël de cette année, les « confrères de la confrérie » asssistaient à la sépulture de Joseph Jagueneau, boucher.

Elle jouissait de quelques rentes, comme le prouvent les actes suivants que nous allons analyser, malgré leur peu d'importance, parce qu'ils font connaître les noms de quelques associés.

« Aujourd'huy, dimanche quatorze du mois de mars mil sept cent soixante dix neuf, en l'assemblée des habitants

([1]) Nous verrons plus loin, aux fondations dans l'église de Saint-Jean-Baptiste, que dame Louise Le Maignan du Fief de l'Isle avait donné quarante écus pour l'érection de cette confrérie.

de la paroisse de St Jean de Montaigu et des confrères de la confrérie du St Sacrement de la dite paroisse, convoqués au prosne de la messe paroissiale et au son de la cloche, à la manière accoutumée, et tenue dans la sacristie de la ditte paroisse à l'issue des vespres de ce jour, où sont comparus : Messire Pierre-Jean Potel, prestre, curé de la ditte paroisse ; noble maître Joseph de la Revélière [1] fabriqueur en charge, conseiller du Roy et maire de la ville dudit Montaigu ; nobles maîtres : Hardouin Thiériot [2], docteur en médecine ; Charles-Joseph Auvynet, sénéchal ; Jean-Victor Goupilleau [3], procureur fiscal ; François-Frédéric-Hardouin Bellouard de la Bougonnière [4], assesseur en la maréchaussée ; Jean - Alexandre Marchays, président des traittes ; Urbain Thomas et Jean Hillaireau chirurgiens ; André Réchin, Mathurin Debien, Jean Doussin, Louis Rochefort, François Pavageau, Jean Debien et Jean Gourraud, les tous habitants et partie confrères de la dite confrérie ; »

En leur présence « Me Pierre Thibaud, praticien demeurant au faubourg St Jacques, franchit la rente constituée de trois livres, au principal de soixante livres, par feux Louis Thibaud et Renée Girard, ses père et mère, au profit de la fabrique de la paroisse de St Jean, par acte du 9 mars 1738, au rapport de Gautreau, notaire de Montaigu. »

(1) Jean-Baptiste-Joseph de la Révellière, marié à Marie-Anne Maillocheau, père du futur directeur de la République Française.

(2) Hardouin-Aimé Thiériot, marié à Marie-Anne Marchais.

(3) Jean-Victor Goupilleau, frère puîné du conventionnel Philippe-Charles-Aimé Goupilleau.

(4) Fils de François-Frédéric Bellouard de Jémonville et de Mathurine-Gabrielle Dugast de la Bougonnière ; veuf de Perrine-Louise-Jeanne Porteau, il épousa, le 10 février 1777, Marie-Charlotte de la Révellière, fille de Jean-Baptiste-Joseph la Révellière.

Pierre Thibaud remboursa la somme de soixante livres, et paya en plus cinq sols pour le prorata de la rente depuis le 21 octobre précédent.

En même temps, « comparut Jean Goullet, tisserand, demeurant au village des Godelinières, paroisse de Treize-Septiers, qui paya la somme de soixante-douze livres pour franchir la rente de trois livres et douze sols, payable le 2 aoust de chaque année, rente constituée par Renée Bourcier, son ayeulle, et Jacques Goullet, son père, au profit de la confrérie du St Sacrement établie en l'église de St Jean de Montaigu, par acte du 2 aoust 1733, au rapport de Gautreau, notaire. »

Par le même acte, Olivier Lambert, débitant de tabacs, et Marie Pavageau, sa femme, mis en possession des cent trente-deux livres, montant des deux rentes ci-dessus, s'en déclarent débiteurs à leur tour.

GOURRAUD, not[re] royal. SORIN, not[re] royal, pour registre.

Controllé à Montaigu, le 26 mars 1779, par Goupilleau qui a reçu 50 sols (1).

Par acte sous-seings privés du 7 juillet 1782, damoiselle Louise-Angélique Maillocheau (2), veuve du s[r] Bousseau, demeurant au bourg de la Bruffière, se reconnaît débitrice

(1) Minute Sorin, étude de Me Duchastenier.

(2) Louise-Angélique Maillocheau, dont la sœur, Marie-Anne, épousa Jean-Baptiste-François la Révellière, père du directeur de la République Française, naquit dans la paroisse de Saint-Jean-Baptiste de Montaigu, le 11 novembre 1731, de Jean-Baptiste Maillocheau, sieur de la Daunière, et de Marie-Louise Blanchet. Elle avait épousé à Saint-Jean-Baptiste de Montaigu, le 4 avril 1756, Julien-Léonard Bousseau, contrôleur des traites à Montaigu, fils de Léonard-Julien Bousseau, procureur fiscal de la Rabatelière, et de Marie-Françoise-Céleste Ceaux. Son mari étant mort à Montaigu, le 15 août 1760, âgé de 33 ans, elle alla demeurer à la Bruffière, où elle mourut le 11 novembre 1787, âgée de 55 ans.

« d'une rente constituée de dix livres, en chacun terme jour et feste de saint George, au principal de deux cents livres » envers la confrérie du Très-Saint-Sacrement érigée en l'église de Saint-Jean de Montaigu.

Cette rente était due antérieurement par Renée Pépineau, veuve de Mathurin Jagueneau, demeurant à la Gétière, en la paroisse de Saint-Georges-de-Montaigu, à laquelle la veuve Bousseau se substitua comme débitrice.

La veuve Bousseau ne paya pas la rente, comme elle s'y était engagée. Aussi, le 20 mars 1790, Mre André-Joseph Gourraud, « prévost laïque de la confrérie du Très Saint Sacrement érigée dans l'église de St Jean de Montaigu, et procureur en presvauté et chastelainie de St Georges » fit assigner « le sieur Jean Marchand, fermier, gendre et héritier de feue dame Renée Pépineau, en son vivant veuve de Mre Mathurin Jagueneau, demeurant le dit sieur Jagueneau, marchand, au bourg et paroisse de St Georges... à comparoir dans les délais de l'ordonnance au parquet, et par devant M[r] le Sénéchal ou autres officiers, exerçant en cas d'absence, de la presvauté et chastelainie de St Georges, pour être condamnée par la voie solidaire de bailler et payer audit sieur requérant, en la ditte quallité de prévost laïque de la ditte confrérie, sept années d'arrérages de rente de dix livres par chacun an, eschue de la feste de saint Georges dernière, due à la dite confrérie..... Fait par moy, Louis Jagueneau, sergent ordinaire du marquisat de Montaigu et de la presvauté et chastelainie de St George, reçu et immatriculé aux greffes desd. lieux, résidant aux faux bourgs St Jacques dudit Montaigu. »

Nous ignorons la suite donnée à cette assignation (1).

(1) Nous nous expliquons d'autant moins que l'assignation ait été notifiée aux héritiers de l'ancienne débitrice, que la veuve Bousseau laissait plusieurs enfants, dont Louis-Julien Bousseau, qui fut juge de paix du canton de la Bruffière en l'an V.

### 3° Confrérie de la Charité

C'était certainement une association de personnes pour soigner à domicile les malades pauvres qui n'avaient pas été reçus à l'hôpital. Nous avons trouvé, à plusieurs reprises, dans les actes d'inhumation, ces mots caractéristiques : « *Mort dans les bras de la charité.* »

Le 3 mai 1761, par acte au rapport de Bouffard et Payraudeau, notaires du marquisat de Montaigu, il fut constitué une rente de quinze livres au profit de la « confrérie charitable des pauvres de la ville de Montaigu », rente dont fut donné un titre nouveau au rapport de Thibaud, le 25 septembre 1783.

Les registres des inhumations de la paroisse Saint-Jean-Baptiste nous ont aussi fourni quelques renseignements sur cette confrérie.

1704, 8 juin. — Françoise Mesnard, fille dévote, thrésorière de la confrérie de la Charité de cette ville, décédée d'hier à l'aage d'environ quarante ans, a été inhumée au cimetière, derrière la croix, le dimanche 4e après Pasq. 8e juin (1704), en présence d'une foule quasi innombrable de personnes de tous états et conditions qui la regardent tous comme une sainte, ainsy soit-il.

J. Clénet, curé de Montaigu.

1706, 21 juillet. — Marie-Magdeleine Girard de la Marittière, décédée à l'hôpital de Nantes, où on l'avoit appelée pour en faire la supérieure, y fut inhumée le vingt-unième de juillet audit an, étant fille dévote, aagée d'environ quarante ans, et sœur de la Charité de cette ville, où l'on a fait un service solennel ce 23e dudit mois et an.

J. Clénet, curé de Montaigu.

1722, 6 août. — Le sixième jour d'aoust mil sept cent vingt et deux, a été inhumé au cimetière de cette paroisse le corps de Marie-Anne Ménardeau, fille maîtresse tailleuse d'habits, sœur de la confrérie de la Charité, décédée le jour précédent, aagée de quarante deux ans et sept mois, en présence de François Orieux et Jean Orieux et autres de cette paroisse qui ne savent signer.

P. Douteau, curé de Montaigu.

1729, 24 juillet. — Le vingt et quatrième jour de juillet mil sept cent vingt et neuf, a été inhumé au cimetière de cette paroisse le corps de Marie Piveteau, fille dévote, garde-meubles de la confrérie de la Charité, décédée le jour précédent, aagée d'environ cinquante ans, laquelle, par son testament du seizième du présent mois, rapporté par Musset et Jagueneau, conotaire de Montaigu, a légué la rente de vingt boisseaus de seigle düe sur l'Épau, en Treize Septiers, à ladite confrérie de la Charité, et la pièce de terre nommée Paroise à la cure de St Jean de Montaigu, à la charge de deux service par an, et un par lad[o] confrairie de la Charité : en présence de Charles Arenaud et René Méchinaud, serviteur, les deux de cette paroisse, qui ne savent signer, et de plusieurs autres.

P. Douteau, curé de Montaigu.

1778, 14 février. — Le quinze février mil sept cent soixante dix huit, a été inhumé le corps de Jeanne Martin, sœur de la Propagation et de la confrérie de la Charité, décédée d'hier, âgée de quarante deux ans ; a été inhumé en présence de Pierre Le Gendre et Pierre Brisard qui ont déclaré ne sçavoir signer, de ce requis.

P.-J. Potel, curé de Montaigu.

1781, 15 novembre. — Le quinze novembre mil sept cent quatre vingt un, le corps de demoiselle Marie-

Théraise Bouffard, supérieure de la Propagation et sœur de la confrairie de la Charité, décédée d'hier, âgée d'environ soixante ans, a été inhumé en présence de Pierre Legendre, Pierre Fonteneau, Pierre Brizard et autres qui ont déclaré ne sçavoir signer.

P.-J. Potel, curé de Montaigu.

1787, 12 mars. — Le douze mars mil sept cent quatre vingt sept, le corps de Marie-Charlotte Guicheteau, sœur de la confrairie de la Charité, décédée d'hier, âgée de quatre vingt dix ans quatre mois et huit jours, a été inhumé en présence de Messire Joseph-Thomas Bonnet, prêtre, et Pierre Faverou, son petit neveu, soussigné.

J.-T. Bonnet. P. Faverou.

P.-J. Potel, curé de Montaigu.

### 4° Confrérie de Notre-Dame des Agonisants

Nous ne connaissons cette confrérie que par les actes qui suivent, et les indications que l'on trouvera à l'article : Fondations en l'église Saint-Jean.

1710, 24 avril. — Le vingt quatrième jour d'avril 1710, a été inhumé dans le cimetière de cette paroisse le corps de Me Jean Pavageau, sieur du Fleuret, prévost de la confrérie des Agonizans (1), décédé le jour précédent, aagé d'environ soixante ans, en présence de tous Mrs les chanoines de St Maurice et affluence des habitants de la ville.

P. Douteau, curé de Montaigu.

1779, 23 septembre. — Le vingt trois septembre mil sept cent soixante dix neuf, le corps du sieur Étienne Sorin, époux de dame Magdeleine Rafin, prévost de la

(1) Jean Pavageau était marié à Anthoinette Mesnard, qui décéda le 15 juin 1715, âgée de 64 ans.

confrairie de Notre-Dame des Agonisants, décédé d'hier, âgé de soixante quatre ans environ, a été inhumé par nous soussignés (1).

Bodin, curé de Boufféré.

Reingeard, recteur de Remouillé.

P.-J. Potel, curé de Montaigu.

## *IV. — Extraits des registres de la paroisse de Saint-Jean-Baptiste*

Les registres de la paroisse de Saint-Jean-Baptiste contiennent de bien nombreux actes, concernant les familles nobles du pays, dont la publication offrirait un réel intérêt.

Aujourd'hui, nous nous bornerons à donner ceux qui ont un caractère plus particulièrement religieux, tous textuellement reproduits.

1585, 1er novembre. — Abjuration d'Estienne Vinet, sergent royal dans l'église St Jehan de Montaigu.

Aujourd'huy premier novembre, jour et feste de Toussaint, l'an 1585, s'est présenté, en l'église parochialle de St Jehan de Montaigu, maistre Estienne Vinet, sergent royal en Poictou, demeurant à présent en ceste ville de Montaigu, lequel a assisté au servyce dyvin qui a esté faict en ladite église, ouy la grande messe bien dévotement et fait acte de bon catholique, comme aussi ès

(1) Pierre-Étienne Sorin, fils de Étienne Sorin, maître perruquier, et de Marguerite Rafin, né à Montaigu le 3 novembre 1740, épousa Marie-Henriette-Thérèse Barraud. Licencié ès loix, il fut successivement notaire royal, juge au tribunal de Montaigu puis à celui de Bourbon-Vendée, et mourut à Montaigu le 25 avril 1817, à 76 ans. Sa sœur, Charlotte-Marguerite, épousa Jean-Charles Trastour, avoué et maire de Montaigu, et mourut à Montaigu, le 10 juillet 1814, à 65 ans : elle y était née le 22 octobre 1748.

vespres dudict jour chantées en ladite église, en présence de nous Maistre René Giguet, curé et recteur de la dite église de St Jehan, en faisant lors le dyvin servyce; lequel nous en a requis attestation et protesté de vivre doresnavant sellon l'église catholique apostollique et romayne, et de observer les commandemens d'icelle, obéissant aux édits du roy, tant du 18e jour de juillet que du 6e d'octobre dernier passé. Et estoient à ce présents : MM. François Chaillou, André Cailler, Jacques Gourraud, Jehan Quérion, prestres chanoines de St Maurice, faisant le service en ladite église. Aussi y estoient présens : honorables personnes Maistre Jacques Thibaudeau, licentié ès droictz, procureur fiscal de la baronye dudit Montaigu; Maistre Gilles Robin, sieur de la Pennerie, greffier de ladite baronye; Jullien Giguet; Maistre Guillaume Lefevbvre; Maistre Sanson Herriau; René Brethomeau; Jehan Ganuchaud; Jehan Benoisteau; René Lemercier; Mathurin Boisseau, et plusieurs autres manans et habitans de ceste dite ville de Montaigu. Dont luy avons baillé le présent acte et certificat, signé de nous et dessus nommez, pour lui valloir ce que de raison.

Ledict acte et certificat a esté enregistré au papier du greffe de la baronye dudict Montaigu pour y avoir recours si mestier est, et laissé une coppie d'iceluy, signée dudit Vinet, entre les mains de nous, ledit Giguet recteur susdit, les jour et an que dessus.

VINET, sergent royal; R. GIGUET, curé sus-dit; G. ROBIN, greffier de Montaigu; J. QUÉRION; F. CHAILLOU; J. GOURRAUD; A. CAILLER; J. THIBAUDEAU, procureur dudit Montaigu; G. GIGUET, pour estre vray; G. LEFEVBVRE, pour estre vray; S. HERRIAU, pour estre vray (1).

(1) Nous donnons cette pièce, bien qu'elle ne soit pas dans les registres, lesquels ne remontent que jusqu'à 1650, à cause de son intérêt. L'original, sur vélin, est conservé aux archives de la ville de Nantes.

— Le quatriesme jour du mois de may 1609, Armand Jehan du Plessis de Richelieu, évesque et baron de Luçon, vint à Montaigu faire la visite de toutes les églises de la ville, témoing mon seing ci-dessous apposé.

VINET, vicaire de la paroisse de la Boissière de Montaigu [1].

— La note suivante, intercalée par le curé J. Minguet entre les actes du 15 septembre 1657 et du 9 mai 1658, n'explique guère la compétition qui s'éleva alors : nous n'avons trouvé aucun renseignement à ce sujet. Pendant tout le temps qu'elle dura, le service religieux de la paroisse fut assuré par les prêtres Julien Hamon, J. Rousseau, vicaire, Jan Bertaud, Julien Guillemoire. Le premier se qualifie « faisant, par mandement *de regimen animarum* de Mgr de Luçon, les fonctions curiales de l'église paroissiale de St Jean de Montaigu » ; les autres s'intitulent « servant la dite ville et paroisse » ou « faisant les fonctions curiales ».

NOTA : « Qu'il y a eu procès pour le possessoire de la cure de la ville et paroisse de St Jean de Montaigu, et que, depuis le mois de mars de l'an mil six cens cinquante et six jusques au mois de décembre de l'an mil six cent cinquante et huict, elle a esté desservie par plusieurs prestres qui n'avoient point inséré dans ce papier les noms des personnes qui ont receu le st baptesme dans l'église de la de ville et paroisse ; pour à quoy suppléer, je, prestre, curé de la de ville et paroisse, soussigné, ay, autant que j'ai peu, ramassé leurs mémoires et certificats que j'ay inséré dans ce papier, et, quoy que j'aye tasché d'y apporter tout le soing que j'ay peu, et d'observer l'ordre des articles, il se pourra touttesfois rencontrer quelque

[1] Note trouvée dans les papiers de M. Dugast-Matifeux.

transposition, ou mesme quelque omission. En foy de quoy j'ay signé. »

J. MINGUET, p[tre], curé.

1664, 25 may. — Le dimanche vingt et cinquiesme jour de may l'an mil six cent soixante et quatre, Julien Gabriel, cy-devant nommé Soubé, aagé environ trante trois ans, arabe de nation et mahométan de religion, après avoir esté instruit des principes et de la pureté de n[tre] religion catholique, apostolique et romaine par moy, prestre, curé de la ville et paroisse de St Jean de Montaigu, soussigné, a receu en ma présence, en la d[e] église, les sacrements de baptesme, confirmation et euscharistie, par Monseigneur l'illustrissime et révérendissisme Evesque de Luçon (¹) ; son parrain a esté Messire Julien de la Roche, escuier, seigneur des Ganuchères ; sa marrene, dame Gabrielle Brigide d'Escoubleau de Sourdis, épouze d'escuyer Gilles de la Roche St André : le tout, le jour et an que dessus. En foy de quoy ont signé (²).

J. MINGUET,
Curé de St Jean de Montaigu.

1668, 2 juin. — Je, Judith Bonenfant, recognois et confesse d'un cœur humble et repentant, devant la Très Saincte Trinité et toute la cour céleste, et vous qui estes icy présents tesmoings, que j'ay griefvement péché adhérant aux hérétiques et croiant les erreurs et herézies, notamment celles de Luther et Calvin. Or, maintenant, par la grâce de Dieu, estant remise au bon chemain, je déteste et anathémathize les susdites hérézies et toutes autres sectes, croyant à la s[te] Eglise catholique, appostolique et Romaine, hors laquelle il n'y a point de salut, et

(¹) Nicolas Colbert.

(²) Il n'y a pas d'autre signature que celle du curé.

faisant profession de tout ce qu'elle croit et professe, et particulièrement : j'adore la Très Saincte Eucharistie et Sainct Sacrement de l'hautel auquel est contenu le vray corps et sang de Jésus Christ, avec son âme et divinité, soubz les espèces du pain et du vin ; de plus, j'invoque tous les saincts de paradis pour estre à mon secours par leurs prières, sur tous la benoiste Vierge Marie, mère de Dieu ; j'advoue qu'il y a sept sacrements par lesquels la grâce nous est communiquée ; il y a un purgatoire où les âmes sont purgées après cette vie ; et recognois nostre Sainct Père le Pape pour souverain pasteur de l'église universelle, successeur de S^t^ Pierre, vicquaire de Jésus Christ. Je promets de garder et tennire inviolablement désormais la foy qu'icelle église catholique, appostolique et Romaine, colonne et apuy de vérité, tient et presche. Ainsy je jure devant Dieu, sur les saincts Evangiles que je touche. En foy de quoy j'ai signé les présentes, avec les tesmoings cy desoubs, à Montégu ce deuxiesme jour de juin mil six cens soixante huict.

Judith Bonnanfant [1]. Ollivier [2]. Billot.
S. Bribier. Durand [3]. G. Badereau [4].
J. Chasson. Marie Audureau.

(1) Jeanne-Judith Bonnanfant, dont nous donnons l'acte d'abjuration, avait épousé à Saint-Jean de Montaigu, le 2 juin 1667, Me François Billot, juge des traites à Montaigu. Elle mourut, dans la paroisse de Saint-Jean, le 13 février 1695, âgée de 45 ans.

(2) Jude Ollivier, sieur de la Brosse, marié à Marie Audureau, était « maître apotiquaire ». Il fut inhumé dans l'église Saint-Jean, le 9 janvier 1688.

(3) Un Estienne Durand, sieur de la Licaizière, est parrain, à Saint-Jean de Montaigu, le 6 septembre 1662, de Jeanne, fille de noble Jan Thomas, sieur de la Govinière, sénéchal de Montaigu, et de damoiselle Anne Gariou.

(4) Gilles Badereau, notaire de la baronnie de Montaigu, mort avant le 18 avril 1669, avait épousé Jacquette Dugast, dont il eut

1675, 26 juillet. — Le vingt et sixième jour du mois de juillet mil six cent soixante quinze, décéda en la ville et paroisse de St Jean de Montaigu sur les quatres heures du matin, Messire Julien Minguet, cy devant curé de la de paroisse de St Jean de Montaigu, après avoir receu tous les sacrements ordonnés aux malades ; le corps duquel a esté inhumé dans le cœur de lade Eglise, vis-à-vis du grand autel, le vingt et septième desd. mois et an, en présance des soussignez. En foy de quoy, je, curé de la paroisse, signe les présentes.

| J. Clémot, | Buyron, | L. Renou, |
|---|---|---|
| Curé de la Guyonnière. | Curé de Chavagnes. | Curé de Montaigu. |

1677, 12 décembre. — Abjuration.

Je, curé de la ville et paroisse de St Jean de Montaigu, certifie que Daniel Alexandre, fils d'Estienne Alexandre et de Marthe Debvir, ledit Daniel Alexandre âgé de seize ans et natif de Rhennes en Bretagne, à présant en cette ditte ville de Montaigu, ayant fait dès sa naissance profession de la religion prétendue réformée ou de l'hérésie de Calvin, a fait abjuration de sa dite hérésie en nostre présance, et en a receu publiquement par nous l'absolution en l'église de St Jean, paroisse de la dite ville de Montaigu, le dimanche douzième jour du mois de décembre

Julien, maître chirurgien à Montaigu, marié le 1er février 1672 à Anne Audureau. Gilles Badereau se remaria, le 9 juillet 1659, après dispense du Pape, avec Renée Ollivier dont il eut, entre autres, le 2 juillet 1660, Jude, qui devint procureur fiscal de la ville et baronnie de Montaigu, puis conseiller du roy, et auditeur à la Chambre des comptes de Bretagne : Jude avait épousé Marguerite-Catherine-Rose De Courcelles, et mourut, le 23 avril 1741, à l'âge de 81 ans. (Voir pour ces actes, les registres de la paroisse Saint-Jean de Montaigu.)

La famille Badereau possédait, à la Révolution, le fief du Bois-Corbeau, en la paroisse de Saint-Hilaire-de-Loulay.

mil six cent soixante et dix sept, et signé avec nous et les dits témoins.

Daniel ALLEXANDRE. PAYNEAU (1). F. LAMY (2).
J. OLLIVIER (3). L. RENOU, curé de Montaigu.

1684, 23 mars. — Le vingt trois mars mil six cent quatre vingt quatre, est décédé M^sire^ Louis de Gastinayre, chevalier, seigneur de la Papinière, et le 24^e^ dud. mois les cérémonies des obsèques ont esté faites dans l'église de S^t^ Jean de ce lieu ; et, en suitte, selon l'intention dud. défunt, son corps a esté conduit en la ville de Clisson, et déposé entre les mains des PP. Cordeliers, où il avait esleu sa sépulture dans leur église, toute la cérémonie faite par moy soubsigné.

PACHE, curé de Montaigu.

1685, 26 octobre. — Le vingt six octobre mil six cent quatre vingt cinq, a esté inhumé dans le cimetière de cette paroisse le corps de feu M^sire^ Philippe Mazart, prestre, décédé dans cette ville après avoir receu les sacremens de pénitence, d'eucharistie et d'extrême onction par moy,

(1) Il y avait alors : Louis Payneau, chanoine de l'église collégiale de Saint-Maurice ; Louis Payneau, sieur de la Patissière, greffier de la baronnie de Montaigu, mort le 4 février 1680, âgé de 70 ans, qui avait eu pour fils Louis Nicolas Payneau, sieur du Fief, mort le 9 avril 1705 ; René Payneau, sieur du Vivier, greffier de Montaigu, ce qui nous fait supposer qu'il était également fils de Louis Payneau ; Charles Payneau, sieur de la Pérochère, marié à Renée Bellouard, qui décéda le 30 avril 1682, âgé de 28 à 30 ans, et fut inhumé dans l'église Saint-Jean. Nous le croyons aussi fils de Louis Payneau.

(2) François Lamy, maître chirurgien, marié à Renée Thibaudeau, décéda le 14 avril 1686, âgé de 72 ans. Une de ses filles, Françoise, épousa, le 8 juillet 1669, François Musset, sieur de la Bretonnière, notaire royal de la baronnie de Montaigu.

(3) Jude Ollivier, dont nous avons parlé.

curé soubsigné, et avoir aussi tesmoigné souhaiter estre enterré au pied de la croix du cimetière. J'ay prié le chapitre d'assister aux obsèques, et Mr le doyen en a fait les cérémonies.

Mombrisson Dubos, doyen susdit.

Pache, curé de Montaigu.

1685, 29 octobre. — Le vingt neuf octobre 1685, a esté inhumé dans le cimetière de cette paroisse le corps de feu Jean Payreau, tailleur, aagé d'environ cinquante ans, auquel on ne vouloit point accorder la sépulture catholique parce que ledit Payreau estoit adonné au vin, et estant le plus souvent saoul, et qu'il n'avoit pas satisfait au debvoir paschal, ayant mesme tesmoigné ne vouloir se corriger n'y recevoir les sacremens ; néantmoins le dit Paireau estant tombé dans une espèce d'apoplexie ou desbordement d'humeurs, estant sans cognoissance, on lui a administré le sacremen de l'extrême onction ; et, suivant l'advis des catholiques du lieu, et sur un billet de Mr le Doyen, on luy a accordé la sépulture, mais sans cérémonie, sans son de cloches, sans cierges allumés, mais en disant à basse voix les prières et offices des morts. Présans : Mr Gabard, Gabriel Hégron et autres ; par moy.

Pache, curé de Montaigu.

1686, 27 août. — Le vingt six aoust 1686, a esté inhumé dans le cimetière de ce lieu le corps de feu Marie Sainquantin, aagée de soixante ans, après avoir receu les sacrements de pénitence d'eucharistie et d'extrême-onction ; présans : François Merlet son mary, P. Bridonneau et autres, par moy ;

Laquelle défuncte, avec son mary, a faict une fondation de deux grandes messes par an, au jour de St François.

Pache, curé de Montaigu.

1687, 7 janvier. — Le septiesme jour de janvier 1687, a esté inhumé dans l'église de ce lieu le corps de deffuncte Catherine Badereau (1), aagée d'environ vingt six ans, épouse de Msire ... Bouchet, sergent royal, après avoir receu les sacrements de pénitence, d'eucharistie et d'extrême onction par moy; la dite dame a fait fondation d'un service annuel à la Ste Catherine; présans: ledit Boucher son mary, ses frères et autres.

Pache, curé de Montaigu.

1690, 26 mars. — Le vingt sixième jour de mars 1690, a esté inhumé dans l'église paroissiale de St Jean de Montaigu vénérable Père Paul Hedelin, prêtre, religieux de la Trinité de la Rédemption des Captifs du couven de Beauvoir, décédé en la maison de Mr de St Siphorien (2) son parant, après avoir receu les sacrements de pénitence, d'eucharistie et d'extrême-onction, par moy.

Pache, curé de Montaigu.

1694, 10 juillet. — Le dixiesme jour de juillet 1694, j'ay receu l'abjuration de l'hérésie et ay donné l'absolution à Mre Auguste Mingarneau de Curson, aagé de quatorze ans, dans l'église paroissialle de St Jean de Montaigu, en présence de Mr Pierre de la Croix de Saint Tour qui s'est soussigné avec ledit de Curson.

Auguste de Curson. De la Croix de St Tour.

Giraudeau, curé de Montaigu.

(1) Catherine Badereau, peut être aussi fille de Gilles Badereau, était mariée à Pierre Bouchet, sergent royal, dont le prénom a été laissé en blanc dans la rédaction de cet acte. Son mari mourut le 9 mai 1708, âgé de 50 ans.

(2) Alexis Charbonneau de l'Échasserie, chevalier, seigneur de Saint-Symphorien, s'était marié, le 2 mars 1671, à Gabrielle Brigide d'Escoubleau de Sourdis, qui était veuve de Gilles de la Roche Saint-André. Il mourut le 18 juin 1708, âgé de 70 ans, et fut inhumé dans l'église de Saint-Jean de Montaigu.

1699, 9 may. — Ce samedy au soir, neuviesme may, nous avons appris la triste et fascheuse nouvelle de la mort de Messire Henry de Barillon, nostre digne et illustre prélat, décédé à Paris le mercredy au matin, sixiesme jour dudit mois, ensuite de la cruelle et périlleuse opération de la pierre, faite par Mre Colot le jour précédent.

Le lundy, onz[e] du présent mois, avons fait dans cette église un service le plus solennel qu'il nous a esté possible pour le repos de son âme. *Requiescat in pace. Amen.*

J. Clénet, curé de Montaigu.

1700. — Suzanne Canteteau, aagée d'environ vint ans, servante domestique chez M[r] des Rollandières, à présent en ceste ville, a volontairement et de son bon gré fait abjuration de l'hérésie, et protestée de la foy catholique, apostolique et romaine, en conséquence de laquelle nous lui avons donné, par l'authorité de Mgr de Luçon (1), l'absôlution, en présence de M[r] le Curé de St Nicolas et autres soussignés; la ditte Canteteau est native des Herbiers en ce diocèse, et a déclaré ne scavoir signer, et a prié M. le curé de St Nicolas de signer à sa requeste, Mr Pierre Bridonneau (2) et autres soussignés (3).

Alexandre Thomas, p[tre], Curé de St Nicolas. P. Bridonneau, Clénet, Curé de Montaigu.

1702, 10 février. — Absalon Dupuy, seigneur de Roche-fort, père de M[r] Du Puy, archidiacre d'Aizenays et théologal de Luçon, demeurant en ceste ville depuis environ huict mois, et y étant décédé à l'âge d'environ quatre

(1) Jean-François de Lescure.

(2) P. Bridonneau était sacristain de la paroisse de Saint-Jean-Baptiste.

(3) Il existe quelques autres actes d'abjuration, moins explicites et moins importants.

vingt dix ans après avoir reçu les sacrements de pénitence, d'eucharistie et d'extrême-onction, a été enterré sous le banc de M[r] le Comte de Sourdys, joignant la grande balustrade de l'église de St Jean, en présence des principaux habitants qui ont assisté au convoys, et des soussignés, par Mr Giraudeau, cy devant curé, assisté de MM[rs] du chapitre de la collégialle, le dixieme février 1702.

R. Giraudeau, p[tre].

1703, 18 octobre, jour de St Luc. — François Merlet, vénérable et saint vieillard, décédé d'hier à l'aage d'environ quatre vingts ans, a été inhumé au cimetière de cette paroisse proche la muraille de l'église, en présence de M[r] le sous-chantre (1), de Mr Denis, de M[r] le curé de St Nicolas (2) et de Mr Giraudeau, prêtre, qui ont assisté au convoi le jour de St Luc 1703, et du soussigné.

P. Bridonneau. R. Giraudeau, p[tre]. Clénet, Curé de Montaigu

1703. — Mission.

*In nomine domini. Amen.*

En l'année mil sept cent trois, au mois de septembre, j'ay fait faire une très célèbre et très fameuse mission pour la sanctification de mes paroissiens, par 13 capucins de choix et d'élite des provinces circonvoisines.

L'ouverture s'en fit par la permission de Mgr de Lescure, Evêque de Luçon, et en vertu de son mandement, le 24e aout, jour de St Barthélémis, arrivant le vendredy à cause de l'occurence des 3 jours chomez, et finit de même par 3 autres jours de fêtes, sçavoir de St Mathieu, de

(1) C'était M. C. Rousse.

(2) Alexandre Thomas de la Parafinière.

St Maurice et du dimanche, que la clôture en fut faite par mondit seigneur Evêque de Luçon, par une très solennelle procession avec le St Sacrement porté par dessus les fossez de la ville, à revenir aux religieuses, à St Maurice, sous la halle où il y avoit un magnifique reposoir, et ensuite à St Jean où se faisoit la mission, où fut chanté le salut ; et, après la bénédiction donnée par Mgr avec le St Sacrement, on chanta le *Te Deum* en actions de grâces.

Qu'en faisant la procession, Mgr fit la bénédiction de la croix de la mission qui avoit été plantée le jeudy précédent (1), au pied de laquelle on avoit dressé un reposoir pour le St Sacrement et un trône pour Mgr, d'où il entendit un admirable sermon sur la cérémonie de la croix.

Toutes les paroisses circonvoisines assistèrent processionnellement à l'ouverture et à la clôture de la mission, et y venoient par station les dimanches et festes, comme celles de Chavaignes et de la Rabatelière, etc., etc.

Messieurs du chapitre y assistèrent aussi en corps, et enfin, le lendemain de la clôture, on fit un service solennel et général pour tous les défunts, où il y eut des communions sans nombre, etc.

Le père Clément de Ploërmel étoit le préfect de la mission ; il en coûtoit 20[s] par jour, pour chaque missionnaire, chez Mme Benesteau.

*Exercices de la Mission :*

A 4 heures : la première messe, ensuite la prière du matin.

A 5 — : le premier sermon.

(1) D'après l'itinéraire suivi par la procession, nous pensons que la croix de mission avait été élevée à l'extrémité du champ de foire actuel, entre la route qui conduit maintenant à Tiffauges et la rue de la Brèche.

C'est au pied de cette croix qu'eut lieu la prestation du serment civique, en 1790, par la municipalité et le clergé de Montaigu.

A 8 heures : une exhortation à St Maurice pour les retraitans.

A 9 — : la grande messe avec exposition du St Sacrement.

A 10 — : deuxième sermon.

A midi : catéchisme.

A 2 heures : la conférence.

A 4 h. 1/2 : le dernier sermon.

A 6 heures : la méditation, ensuite la prière du soir.

Il y avoit indulgence plénière.

Il auroit fallu 30 confesseurs.

CLÉNET, curé de Montaigu.

1704, 8 juin. — Sépulture de Françoise Mesnard. (V. Confrérie de la Charité, p. 51.)

1706, 13 avril. — Pierre Bridonneau, sacristain de cette paroisse, aagé d'environ soixante ans, mort subitement sur le chemin, venant du Puisbelliard chercher de l'huile pour notre lampe, après avoir satisfait à son devoir pascal, a été inhumé dans l'église de St Fulgent, en ce diocèse, le quatorzième avril audit an [1].

J. CLÉNET, curé de Montaigu.

1706, 8 juin. — Perrine Marin, damoiselle de la Huberdière, vieille fille aagée d'environ soixante dix ans, décédée d'hier après quatre jours d'une pleurésie gaignée

[1] « Le 14 avril 1706, a été inhumé Pierre Bridonneau, marchand tisserand, sacristain de l'église de Saint-Jean de Montaigu, qui fut trouvé mort de mort subite proche la fosse de l'Esraudière, sur le grand chemin de Montaigu, qui venait de Puybelliard ajeter de l'huile pour la lampe du dit Montaigu, dont la justice de ce lieu a levé le cadavre. » — FABRE, curé. (Registre de la paroisse de Saint-Fulgent.)

à la procession du sacre, munie de tous les sacrements nécessaires aux mourants, a été inhumée dans l'église de St Hillaire de Loullay, sous les cloches, sépulture de ses encestres, après luy avoir rendu les derniers devoirs dans cette paroisse où elle demeuroit depuis longtemps, ce huitième juin audit an, assisté de MMrs du chapitre et d'un grand convoy (1).

J. Clénet, curé de Montaigu.

1706, 21 juillet. — Sépulture de Magdelaine Girard de la Maritière. (V. Confrérie de la Charité, p. 51.)

1709, 1er septembre. — Baptême de la cloche *Angélique-Marie*. (V. p. 18.)

1709, 22 octobre. — Le vingt deuxième octobre 1709, a esté inhumé dans l'église paroissiale de St Jean le corps de défunte Louise Le Maignant, dame du Fief de lile, décédée le jour précédent, agée de quatre vingt dix huit ans ou environ, par moy, curé soussigné, assisté d'onze autres prestres de ce lieu et des paroisses voisines. La de dame du Fief a légué et fondé à l'église et paroisse de St Jean de Montaigu, par son testament olographe déposé entre les mains du sieur P. Blanchet, notaire apostolique, le... *(sic)* de ce mois, la rente annuelle de cinquante livres affectée sur la métairie de Chancelée, située en la paroisse de Vieillevigne en Bretagne, évesché de Nantes, pour l'entretien et rétribution d'une messe basse chaque jour de dimanche et feste de l'année en lade église de St Jean, à cinq heures et demie du matin ou environ.

P. Douteau, curé de Montaigu.

(1) Sur le registre de la paroisse de Saint-Hilaire, sont indiqués comme présents à sa sépulture : Messire René Marin, chevalier et seigneur de la Guignardière (et de la Hubardière), marié à Charlotte-Marie-Madeleine de la Touche-Limouzinière, fils de Messire Antoine Marin ; — Messire Antoine-René Marin, chevalier de la Grande-Brosse (marié à Marthe Girard).

Perrine Marin était leur sœur.

1710, 24 avril. — Sépulture de Jean Pavageau. (V. Confrérie des Agonisants, p. 53.)

1710, 26 juillet. — Le vingt sixième juillet 1710, a été inhumé dans le cimetière de cette paroisse le corps de Me André Gaultier, décédé le jour précédent, aagé de soixante trois ans, en présence de François Arnaud et François Dorin et autres qui ne sçavent signer; ledit André Gaultier a légué par son testament passé par Mre Jean Badereau et...*(sic)*, en date du...*(sic)*, à la cure de St Jean de Montaigu, la somme de cent cinquante livres à lui due par la veufve de Georges Gouaud (1) et ses enfants, pour être mise en fond, à la charge au curé de St Jean de célébrer tous les trois services d'une messe chantée, et une à basse voix, chacun avec un nocturne, les laudes des morts et un libera; dont un se fera le jour de son décès, le second le jour de St André, son patron, et le troisième le... *(sic)* jour de sa naissance : il a encore légué aux pauvres la somme de cent livres, et soixante livres pour dire des messes, après son décès, pour le repos de son âme.

P. Douteau, curé de Montaigu.

1712, 5 septembre. — Le cinquième jour de septembre mil sept cent douze, a été inhumé en le cimetière de cette paroisse le corps de Marie Tripaud, décédée le jour précédent, aagée d'environ vingt-quatre ans; en présence de François Tripaud, son père, et plusieurs autres qui ne sçavent signer; la dite Marie Tripaud a fondé deux services à la cure, par son testament reçu par Musset et Huet le quatre de septembre 1712.

P. Douteau, curé de Montaigu.

(1) Elle s'appelait Catherine Alien. Sa fille, Anne, épousa, le 4 juillet 1718, Guillaume Gallard, maistre perruquier, veuf de Renée Thibaud, et une autre de ses filles, Marie, épousa, le 18 novembre 1720, maistre Charles-François Santon, maistre pottier d'étain. Catherine Alien mourut le 21 avril 1736, âgée de 76 ans.

1714, 2 mars. — Le second jour de mars mil sept cent quatorze, a été baptisé par moy, prêtre, curé sousigné, un garçon trouvé exposé le mesme jour sur un pied d'arbre, au portal des dames religieuses de cette ville, dont le père et la mère et le jour de la naissance sont inconus, auquel enfant a été imposé le nom de François Duchesne ; duquel ont été parain François Boiscorbeau, s[r] des Plantes, sousigné, et maraine Anne Barreteau qui a déclaré ne sçavoir signer [1].

Fçois DE BOISCOURBEAU [2].

P. DOUTEAU, curé de Montaigu.

1715, 12 juillet. — Baptême de la cloche *Angélique-Marie*. (V. p. 19.)

1715, 28 aoust. — Le vingt et huitième d'aoust mil sept cent quinze, a été inhumé dans l'église de cette paroisse le corps de dame Gabrielle Brigite d'Escoubleau de Sourdys, veufve en secondes noces de haut et puissant seigneur Messire Alexis Cherbonneau, chevalier, seigneur de St Symphorien, décédée le jour précédent aagée de soixante et dix neuf ans. En mesme temps a été inhumé, en la mesme fosse, le cœur embaumé cy-devant de haut et puissant Messire Gille de la Roche St André, premier mary de ladite défunte, vivant l'un des cent gentils-hommes de la chambre du roy, chevalier de l'ordre de St Michel et de l'ordre de Christ de Portugal, chef d'escadre des armées navales de Sa Majesté ; en présence de tout le clergé séculier dudit Montaigu, et plusieurs autres qui n'ont signé [3].

P. DOUTEAU, curé de Montaigu.

(1) Cet acte est intéressant comme indiquant l'origine d'un nom familial. Il a dû souvent en être ainsi.

(2) Il fut régent, c'est-à-dire instituteur à Montaigu, et signe en cette qualité en 1723 : il était marié à Marie Collin.

(3) Le cœur ne fut pas retrouvé lors de la démolition de l'église.

1722, 6 aoust. — Sépulture de Marie-Anne Mesnardeau. (V. Confrérie de la Charité, p. 52.)

1726, 16 octobre. — Le seizième d'octobre mil sept cent vingt six, a été inhumé en le chœur de l'église de St Maurice de Montaigu le corps de d[lle] Françoise de Sales-Marie de Crux (1), fille de haut et puissant seigneur Messire Armand-Gabriel de Crux, marquis de Crux, Montaigu, etc., décédée le jours précédent, aagée de six ans un mois, au chasteau de Montaigu en la paroisse de St Jacque (2) ; la cérémonie a été faite par le chapitre en corps, M[r] le curé de St Jacque ayant cédé son droit de faire l'enlief du corps dans sa paroisse, et moy, curé sousigné, ayant cédé mon droit de recevoir le corps à la porte du chasteau et entrée de ma paroisse, et de le conduire dans mon église pour y faire les cérémonies des obsèques, le tout par déférence pour M[r] le marquis de Crux et pour le chapitre, et sans aucunement préjudicier aux droits de nos deux cures cy-dessus exprimez.

P. Douteau, curé de Montaigu.

1729, 14 juin. — Le quatorzième de juin mil sept cent vingt et neuf, a été inhumé au cimetière de cette paroisse le corps de Mathurin Le Roux, maistre d'école pour le latin, décédé le jour précédent aagé d'environ trente trois ans ; en présence de Jaque Pottier, marchand, et de François Hervouet, cordonnier, les deux

(1) Un fragment de sa pierre tombale, en marbre noir, a longtemps servi, dans l'atelier de MM. Douillard, au broiement des couleurs. Ces jours derniers, la couche épaisse de peinture qui la recouvrait a été soigneusement enlevée et on put lire ces quelques mots : « CLARISSIMA SALESIA MARIA EOLONORA, DOMINELLA DE VIEILLEVIGNE, INTER PRECANTIVM CHOROS QVIE..., ..RVM PRECIBVS NON INDIGENS..., QUÆ ABLVTAM AQVIS BAPTISMI... »

(2) Sa mère se nommait : Angélique-Marie-Éléonore-Damaris Turpin-Crissé.

de cette paroisse qui ne sçavent signer, et de plusieurs autres (1).

P. Douteau, curé de Montaigu.

1729, 24 juillet. — Sépulture de Marie Piveteau. (V. Confrérie de la Charité, p. 52.)

1731, 15 décembre. — *Prières publiques.*

Le quinzième de décembre mil sept cent trente un, nous avons commencé, par ordre de Mr le grand Vicaire, une neufaine de prières publiques, avec la bénédiction du St Sacrement le soir, pour demander à Dieu la guérison d'une maladie pestilentielle qui attaquoit généralement les bestiaux à la langue, en ce pays (2).

P. Douteau, curé de Montaigu.

1740, 7 mars. — Le septième de mars mil sept cent quarente, a été inhumé dans le chœur de l'église collé-

(1) Il y eut à Montaigu, jusques il y a quelque vingt ans, des maîtres d'école pouvant enseigner le latin. Mais depuis! *O tempora!*

(2) La maladie contagieuse dont il est ici question (la peste bovine ?), sévissait dans tout le Bas-Poitou, comme le prouvent les pièces suivantes conservées aux Archives du département de la Vendée :

*Justice seigneuriale de Commequiers, Challans et dépendances:*

Remontrance du substitut, exerçant la charge de procureur fiscal, à l'effet d'établir « qu'il est malheureusement tombé depuis quelque temps une maladie très dangereuse sur les bestiaux et bêtes à cornes, et même, à ce que le bruit public assure, sur les brebis, moutons et chèvres, laquelle même s'est communiquée depuis deux ou trois jours dans cette paroisse et autres paroisses voisines, où il y en a déjà grand nombre de ces animaux attaqués ; et cette maladie paraissant d'autant plus dangereuse et contagieuse que dans vingt-quatre heures ces animaux meurent, et cette humeur contagieuse leur coupe la langue dans la racine. » (18 décembre 1731, f° 31, v°.)

— Ordonnance du sénéchal, rendue en conséquence de la dite remontrance, enjoignant : aux bouchers de Challans et des autres paroisses voisines, qui vendent de la viande au marché de ce lieu

giale de St Maurice de Montaigu, le corps de haut et puissant seigneur Messire Armand-Gabriel, chef du nom et armes de Crux, chevalier, seigneur marquis de Crux, Montaigu, Vieillevigne, Grand Lieu et autres lieus, décédé le cinquième du présent en son chasteau de Montaigu, paroisse de St Jacque dudit Montaigu, munis de tous les sacremens de l'Eglise ordonnés aux malades, aagé d'environ cinquante quatre ans ; après que le corps a été levé audit chasteau par Mr le curé dudit St Jacque en étole, avec sa croix et eau bénite, accompagné de Mrs les chanoines et doyen dudit St Maurice ([1]) sans leur croix, et ainsi par luy conduit jusqu'au grand portail dudit chasteau par où on sort en la grande rue tendant aux halles, et lors reçu par moy, curé sousigné de St Jean, étant en étole avec ma croix et eau bénite, et conduit ainsi jusqu'à la porte du cimetière dudit St Maurice, où je l'ay remis à Mrs les doyen, chanoines et chapitre dudit St Maurice, en corps, qui l'attendoient à la dite porte en habit de chœur, avec leur croix et eau bénite, j'ay certifié à Mr le doyen qui avoit son étole, que c'étoit le corps de feu Msire Armand Gabriel de Crux, qu'il avoit choisi sa sépulture dans le

ou dans leurs maisons, de la faire visiter par deux personnes du bourg nommées par le sénéchal, sous peine de vingt livres d'amende et de confiscation, et de voir enfouir leurs viandes, comme gâtées et corrompues, et à leurs dépens pour la première fois, sauf plus grande peine en cas de récidive ; à ceux qui apporteront des viandes d'ailleurs, de représenter aux dits visiteurs la tête et la langue des animaux tués ; enfin, aux propriétaires de tous animaux qui viendront à mourir, de les faire enterrer à soixante pas au moins des chemins publics, et dans des fosses de cinq pieds de profondeur au moins, à peine de vingt livres d'amende. (*Id.*, fol. 32, v°). — Ces deux pièces classées liasse B. 284.

Une ordonnance de l'intendant de Poitiers, en date du 24 décembre 1731, avait prescrit la nomination de deux inspecteurs pour visiter les animaux tués par les bouchers.

([1]) Le doyen de Saint-Maurice était alors François de Hillerin.

chœur de leur Eglise dont il étoit fondateur, le priant de le recevoir, et de la luy accorder suivant sa dernière intention. A quoy M$^{r}$ le Doyen a répondu qu'il recevoit volontiers, avec toute sa compagnie, le dépost que je luy remetois du corps de feu M$^{r}$ le marquis de Crux, et qu'ils luy alloient donner la sépulture ecclésiastique, avec beaucoup de reconnoissance de ses bontez pour eux; et, à l'instant, a aspersé d'eau bénite le corps, et la fait entrer en l'église en chantant les prières ordinaires, et fait célébrer la messe par un des chanoines, et fait luy-même la cérémonie de la sépulture, en ma présence et de tout le clergé séculier et régulier de ce lieu, et de Louis Thibaud m$^{re}$ décole, et de Jacque Testard sacristain de cette paroisse, sousignez.

TESTARD. L. THIBAUD. P. DOUTEAU,
Curé de Montaigu.

1744, 31 may. — Le dimanche, trente unième jour de may mil sept cent quarente quatre, en conséquence des ordres de M$^{rs}$ les Vicaires généraux du diocèse de Luçon, le *Te Deum* a été chanté solemnelement en cette église S$^{t}$ Jean de Montaigu, en actions de grâce de la réduction entière du conté de Nice, par moy prêtre curé sousignez.

P. DOUTEAU, curé de Montaigu.

1744, 5 juillet. — Le dimanche, cinq$^{e}$ jour de juillet 1744, en conséquence des mêmes ordres, le *Te Deum* a été chanté solemnelement en cette église de S$^{t}$ Jean de Montaigu par moy, curé sousigné, en actions de grâces de la prise de la ville de Menin.

P. DOUTEAU, curé de Montaigu.

1744, 2 aoust. — Le dimanche; 2$^{e}$ jour d'aoust 1744. en conséquence et exécution des ordres de M$^{rs}$ les Vicaires généraux de Luçon, le *Te Deum* a été chanté solemnelement en cette église de S$^{t}$ Jean, à la fin des vespres, à l'heure ordinaire, par moy curé sousigné, en actions de grâces de la prise d'Ypres : y ont assisté le corps de la justice en robes et la compagnie des habitants sous les armes.

P. DOUTEAU, curé de Montaigu.

1744, 8 aoust. — Le dimanche, 8e d'aoust 1744, etc., etc., de la prise du fort de la Kénoque et de Furne, etc., etc. (1).

1744, 6 septembre. — Le dimanche, 6e jour de 7bre 1744, etc., etc., de la prise de Château-Dauphin, en Piémont, etc., etc.

1744, 13 septembre. — Le dimanche, 13e jour de 7bre 1744, j'ay chanté solemnelement le *Te Deum* en cette église de St Jean, à la fin des vespres, heure ordinaire, en actions de grâces pour le rétablissement de la santé du roy, après avoir exposé trois jours de festes et dimanche le St Sacrement, et fait les autres prières marquées par les ordres de Mrs les Vicaires généraux (2).

P. DOUTEAU, curé de Montaigu.

Toutes les fois que les habitans n'ont pas assisté sous les armes à la cérémonies du *Te Deum* cy dessus marquée, ce n'est que parce qu'ils n'avoient pas d'ordre du commandant pour le roy dans la province : le chapitre de St Maurice de Montaigu a chanté aussi le *Te Deum* les mêmes jours que cy dessus, en son église, après leurs vespres, sans que j'y ay assisté ; le jour et an que dessus.

P. DOUTEAU, curé de Montaigu.

(1) Dans la marge du registre, en face des actes qui relatent les *Te Deum*, le curé Duchasténier écrivit plus tard : *Remarques intéressantes pour le curé de Montaigu.*

(2) Louis XV se rendant, avec Noailles et 50,000 hommes, au secours de l'Alsace menacée par les armées autrichiennes, tomba très gravement malade à Metz (1744). Sa maladie causa en France une véritable douleur, et la nouvelle de son rétablissement fut le signal de grandes réjouissances. « Que la tâche était facile à une royauté encore si populaire ! ». DURUY.

1744, 27 septembre. — Le dimanche vingt septième jour de septembre mil sept cent quarente quatre, la compagnie des habitans étants sous les armes, par ordre de Mr le commandant dans la province pour le roy, a assisté aux prières publiques faites de rechef, en cette église de St Jean de Montaigu, pour le rétablissement de la santé du roy, à la fin des vespres, heure ordinaire, et de l'as sont allez allumer le feu de joye.

P. Douteau, curé de Montaigu.

1744, 4 octobre. — Le dimanche quatrième jour d'octobre mil sept cent quarente quatre, j'ay chanté le *Te Deum* à l'heure ordinaire, en cette église, par ordre de Mgr notre évêque (1), pour la conservation de la santé du roy.

P. Douteau, curé de Montaigu.

1744, 11 octobre. — L'onzième d'8bre mil sept cent quarente quatre, j'ay chanté le *Te Deum*, à l'heure ordinaire en cette église, par ordre de Mgr de Luçon (2), en actions de grâces des avantages remportez en Piémont, Italie et l'Alzace par les armées du roy.

P. Douteau, curé de Montaigu.

1744, 6 décembre. — Le sixième jour de décembre mil sept cent quarente quatre, second dimanche de l'Avant, à la fin des vespres, heure ordinaire pour cette cérémonie, j'ai chanté le *Te Deum* en actions de grâces des avantages remportez par les troupes de Sa Majesté au siège de Connis en Piémont, sur les troupes du roy de Sardaignes, et ce, en exécution des ordres reçus de Mrs les grans vicaires de Luçon ; y ont assisté, à l'ordinaire, les habitans sous les armes avant d'aller allumer le feu de joye : le *Te Deum* a aussi été chanté, ce jour, à la collégiale

(1) Samuel Guillaume de Verthamon de Chavagnac.
(2) Id., id.

de ce lieu, où je n'ay point assisté non plus qu'aux précédens.

P. DOUTEAU, curé de Montaigu.

1744, 20 décembre. — Le vingt[e] de X[bre] mil sept cent quarente quatre, le quatrième dimanche de l'Avent, à la fin des vespres de cette paroisse, heure ordinaire pour cette cérémonie, j'ay chanté le *Te Deum* et le pseaume *Exaudiat*, avec les oraisons pour le roy, pour rendre grâces à Dieu de la prise de la ville de Fribourg, et ce, en exécution de l'ordre de M[rs] les grans vicaires de Luçon en datte du cinq, et reçue le dix sept du présent ; à laquelle cérémonie n'ont assistez les habitans sous les armes, quoique de tout temps ils y assistassent en cette église, lorsqu'ils étoient sous les armes, les sollicitations de M[rs] du chapitre de Montaigu les ayant engagez de changer l'ancien usage, et d'aller à la cérémonie en l'église de St Maurice étants sous les armes, ce qui est une innovation au préjudice de la paroisse ; également que le corps de la justice, qui est allé en robe à lad[e] église de St Maurice, quoique de tout temps ils assistassent à la cérémonie, en pareil cas, à l'église de St Jean leur paroisse (1).

P. DOUTEAU, curé de Montaigu.

(1) Cet acte, comme ceux des 16 octobre 1726 et 7 mars 1740, nous montre combien les curés des paroisses de Montaigu étaient jaloux de leurs prérogatives. La bonne harmonie n'existait point entre les clergés séculier et régulier : les chanoines ne perdaient pas une occasion de diminuer dans l'esprit de la population, la légitime influence des curés des paroisses.

Les registres contiennent encore des actes analogues, relatant les *Te Deum* chantés : le 6 juin 1745, « en actions de grâces de la victoire remportée en Flandre par les troupes du roy sur celles de la reine de Hongrie et ses alliez à la bataille de Fontenoy » ; le 18 juillet 1745, 6e dimanche après la Pentecoste, pour la « réduction de la ville et citadelle de Tournoy en Flandre » ; le 22 aoust 1745, pour « la prise de Gand » ; le 29 aoust 1745, pour « la réduction

1745, 28 novembre. — *Mission.* — Le 28 9[bre] 1745, premier dimanche de l'Avent, a commencé en l'église de St Jean de Montaigu la mission faite par quatre prestres avec un frère de la congrégation de St Lazare établis à Beaulieu-sur-Mareil, en ce diocèse, a continué avec édification pendant tout l'Avent, et a finis le second jour de janvier suivant, mil sept cent quarente six : les noms des missionnaires sont : Mr de la Barrière, supérieur, Mr Vasvin, Mr Martin et M[r]... *(sic)*, qui faisoit le catéchisme, et le frère Bertaud.

1745. — *Jubilé.* — Le jubilé, pour obtenir de Dieu la paix, a commencé dans cette paroisse, cette année mil sept cent quarente cinq, par la procession générale faite le sixième de décembre, et a continué péndant les deux semaines consécutives, pendant la mission susdite.

P. Douteau, curé de Montaigu.

1755, 11 novembre. — Aujourd'huy, onziesme novembre mil sept cent cinquante cinq, le chapitre de l'église collégiale de Saint Maurice de Montaigu a fait, en corps, l'enterrement de vénérable Pierre Douteau, chanoine honoraire de laditte collégiale, et aagé d'environ soixante seize ans ; il a été inhumé dans son église paroissiale de Saint Jean, en présence des vénérables doyen, chanoines

des villes de Bruges et d'Oudenarde sous l'obéissance de Sa Majesté » ; le second dimanche et douzième jour de septembre 1745, « pour la prise d'Endermonde ; il n'a point été chanté ce jour à la collégiale de ce lieu » ; le 10 octobre 1745, « pour la prise de la ville d'Ostende en Flandre » ; le 24 octobre 1745, « pour la prise de la ville de Nieuport » ; le 31 octobre, « pour la prise de la ville et chasteau de Tortone, dans le Milanais, par les Espagnols alliez de la France » ; le 7 novembre 1745, « pour la prise des villes et chasteaus de Parme et Plaisance, en Italie » ; le 14 novembre 1745, « pour la prise de la ville de Pavie, par les François et Espagnols. »

et chapitre, et de messieurs les principaux habitans soussignés [1].

DEHILLERIN [2], Doyen. DUCLOS [3], Chantre. Ch. JOUSSEMET [4], Sous-chantre.

BOURASSEAU [5], Chanoine. PIET [6], Chanoine. GUILLAUME [7], Chanoine. BONNIN [8], Chanoine.

JAGUENEAU [9], Sacriste. GOÜPILLEAU [10], Procureur fiscal.

BELLOUARD DE JÉMONVILLE [11], Avocat fiscal. RICHARD [12], D.-M.

MUSSET DE LA BRETONNIÈRE [13]. THIÉRIOT [14], Médecin.

PAVAGEAU. SORIN [15]. R. Fred. GUIBERT [16], Fabriqueur.

(1) Pierre Douteau, comme les autres curés de Montaigu, était de droit chanoine honoraire de la collégiale.

(2) François de Hillerin.

(3) Louis-Thomas Duclos.

(4) Charles-Louis Joussemet, ancien curé de l'Isle-Dieu.

(5) Jean Bourasseau.

(6) Etienne Piet.

(7) Jean-Marie Guillaume.

(8) Jean-François Bonnin.

(9) Jean Jagueneau ; il fut aumônier de l'hôpital.

(10) Philippe-Aimé-Alexis Goupilleau, marié à Jeanne-Gabrielle Guitter, père et mère du conventionnel Philippe-Charles-Aimé.

(11) François-Frédéric Bellouard, sieur de Jemonville, licentié ès loix, marié à Mathurine-Gabrielle Dugast de la Bougonnière.

(12) Louis Richard de la Vergne, docteur en médecine, marié à Magdeleine-Françoise Gautreau, grand-père du cardinal actuellement archevêque de Paris.

(13) André-Louis Musset, sieur de la Bretonnière, notaire royal, veuf de Marie-Françoise-Gabrielle Thiériot, remarié à Marie-Anne Cadou des Rozelières.

(14) Hardouin-Aimé Thiériot, docteur-médecin, marié à Marie-Anne-Louise Marchays.

(15) Sorin, notaire royal.

(16) René-Frédéric Guibert, procureur du marquisat de Montaigu, était maire de Montaigu en 1747.

1770, 2 décembre. — *Jubilé.* — Le deux de décembre, premier dimanche de l'Avent, de l'année mil six cent soixante dix, [en conséquence de la délibération prise d'un commun consentement entre M[rs] du chapitre de St Maurice, M[r] le curé de St Nicolas (1) et nous soussigné, M[r] le curé de St Jacques étant malade (2), le lundi douse novembre dernier], nous nous sommes unis tous ensemble pour faire l'ouverture du jubilé accordé par notre St Père, le pape Clément quatorze, et pour rendre plus solennelle la procession qui a parti à neuf heures de l'église de St Maurice pour venir à celle de St Jean, après laquelle on a chanté à St Maurice la messe du St Esprit : ce qui fut fait d'un commun consentement, et sans tirer à conséquence pour l'avenir.

POTEL, curé de Montaigu.

1773. — *Mission.* — Pendant le carême de cette année, il y a eu, dans l'église de la paroisse, une mission faite par les messieurs de la communauté de St-Laurent-sur-Sèvre, qui a commencé le dimanche de la quinquagésime, 28 février. Le 18 mars, Monseigneur Claude-Antoine-François-Jacquemet Gaultier d'Ancyse, évêque de Luçon, a fait la visite de l'église, et a donné la confirmation aux habitans de Montaigu ; et, le lendemain 19, il a donné, également dans l'église de la paroisse, la confirmation aux habitans des paroisses voisines ; et, le dimanche 21, Sa Grandeur a porté le St Sacrement à la procession solennelle qui s'est faite pour la clôture de la mission, qui cependant n'a fini que le vendredi suivant 26 mars,

P.-J. POTEL, curé de Montaigu.

1773, 3 octobre. — Baptême de la cloche *Joachine-Pélagie.* (V. p. 20.)

(1) Pierre-Alexis Payraudeau.

(2) Pierre Roy.

1776, 15 avril. — *Jubilé.* — Le lundi quinze avril mil sept cent soixante seize, an conséquence de la délibération prise d'un commun consentement entre M[rs] du chapitre de St Maurice, et M[rs] les curés de St Jacque, St Nicolas et nous le jeudi précédent, nous nous sommes unis tous ensemble pour faire l'ouverture du jubilé de l'année S[te], et pour rendre plus solennelle la procession qui a parti, à neuf heures, de l'église de St Maurice pour venir à celle de St Jean, après laquelle on a chanté à St Maurice la messe du St Esprit; ensuite M[rs] du chapitre m'ayant invité à faire ensemble les cinq processions qui tiennent lieu des quinze stations nécessaires pour gagner le jubilé, j'y ai consenti, sans que cela puisse faire une obligation, ni tirer à conséquence pour l'avenir. M[rs] les curés de St Jacque et St Nicolas ont fait les processions en leur particulier. Les églises désignées pour les stations étaient celles de St Maurice, St Jean, St Jacque et de l'Hôpital (1).

P.-J. Potel, curé de Montaigu.

1778, 23 septembre. — *Visite épiscopale.*

Le vingt trois septembre mil sept cent soixante dix huit, Monseigneur Charles-Marie-Isidore de Mercy, évêque de Luçon, a fait sa première visite en l'église paroissiale de St Jean. Il étoit arrivé en ville le 21, mais sans autre cérémonie que le son des cloches qui avoit annoncé son arrivée. Le 22, il a fait la visite dans l'église du chapitre, à laquelle j'ai assisté comme chanoine honoraire, sans y faire porter la croix de la paroisse, et Messieurs du chapitre n'ont point assisté en corps à la visite de l'église de St Jean.

P.-J. Potel, curé de Montaigu.

(1) On remarquera encore dans cet acte, comme dans celui du 2 décembre 1770, les réserves formulées très nettement par le curé de Saint-Jean.

1779, 21 juillet. — Le vingt-un juillet mil sept cent soixante dix neuf, le corps de Méssire Pierre Coffre-Dupré, curé de la paroisse de Ste Sévère, au diocèse de Sainte, décédé d'hier, âgé d'environ trente ans, a été inhumé par nous soussignés (¹).

| Bodin (²), Curé de Boufféré. | Poulain (³), Curé de Trestiers. | Goupilleau (⁴), Curé de la Guyonnière. |
|---|---|---|
| Limousin, Vicaire de Treize-Septiers. | | P.-J. Potel, Curé de Montaigu. |

1781, 15 novembre. — Sépulture de Marie-Thérèse Bouffard. (V. p. 52.)

1784, 17 février. — Le dix-sept février mil sept cent quatre vingt quatre, le corps de vénérable et discret Simon Moron, religieux de l'ordre de Fontevrault, aumônier des dames religieuses de cette ville, décédé d'hier, âgé d'environ soixante-quinze ans, a été inhumé au cimetière des dittes religieuses, après que nous, curé soussigné, avons eut fait la levée du corps, et l'avons conduit à

(1) Il était venu probablement voir sa parente, peut-être même sa sœur, Catherine Coffre-Dupré, laquelle était mariée à Jean-Augustin Delafargue, contrôleur et receveur général des domaines à Montaigu de 1766 à 1780. Ces dates nous sont fournies par les actes de naissance des onze enfants qu'ils ont eus à Montaigu.

(2) Jean-Alexandre Bodin de la Pichonière, curé de Boufféré de 1769 à 1787.

(3) Charles-Dominique Poulain : il écrit toujours Trestiers pour Treize-Septiers. Nous le retrouverons comme curé de Saint-Nicolas de Montaigu.

(4) Charles-Samuel-Martin Goupilleau, fils de Charles Goupilleau, procureur fiscal à Apremont, et de Marie-Louise Leroy, était frère de Jean-François, conventionnel montagnard, dit le *Dragon*, et cousin germain de Philippe-Charles-Aimé Goupilleau, aussi conventionnel montagnard.

l'église des dittes religieuses ; en présence de Messieurs du chapitre de St Maurice et autres curés soussignés.

| Bonnin, Chanoine. | Sauvaget (1), Sous-chantre. | Bourasseau, Chanoine. | Bodin, Curé de Boûfféré. |
|---|---|---|---|

| Poulain, Curé de St Nicolas et chne hre de Montaigu. | P.-J. Potel, Curé de Montaigu. |
|---|---|

1787, 12 mars. — Sépulture de Marie-Charlotte Guicheteau. (V. p. 53.)

1790, 20 juin. — Bénédiction du nouveau cimetière. (V. à l'article consacré au cimetière de la paroisse de Saint-Jean-Baptiste, p. 86.)

1790, 18 septembre. — Le dix-huit septembre mil sept cent quatre vingt dix, a été inhumé au cimetière de ce lieu le corps de Messire Pierre-Jean Potel, curé de cette ville, décédé d'hier, muni des sacremens, âgé d'environ cinquante huit ans ; ont été présents à la sépulture : Messires Pierre Marion, curé de St Jacques de Montaigu ; Olivier Hugron, curé de Treize-Septiers ; Goupilleau, curé de la Guyonnière ; Poulain, curé de St Nicolas ; Buor, curé de Boufférré ; Dubucquois, curé de l'Herbergement, et Fouasson curé de St Georges.

| Hugron (2), Curé de Trestiers. | Marion, Curé de St Jacques. | Goupilleau, Curé de la Guyonnière. |
|---|---|---|
| Poulain, Curé de St Nicolas. | Buor (3), Curé de Boufferré. | Moynat (4), Curé de St Hilaire. |

(1) François Sauvaget.

(2) Olivier Hugron, remplaça à Treize-Septiers, en 1782, Poulain devenu curé de Saint-Nicolas de Montaigu. Il avait été précédemment curé de la Grolle, près Rocheservière, où il était né en 1731. Après avoir refusé de prêter serment, il quitta sa cure et disparut. (V. aux curés de Saint-Nicolas).

(3) Pierre-Charles de Buor, qui devint curé de Montaigu au Concordat de 1801.

(4) Jean-Étienne Moynat de Vert.

DUBUCQUOIS,
Curé de l'Herbergement-Entier.

PATRIX,
Vicaire de Treize-Septiers.

RELIQUET,
Curé de la Boissière.

BONNET,
Prêtre.

P. MONGIT,
Chanoine de Clisson.

GABORIAU,
Prêtre.

BAUFRETON,
Prêtre.

FOUASSON (1),
Curé de St Georges, pour avoir fait la sépulture.

1790, 6 avril. — Serment civique.

Le six avril mil sept cent quatre vingt dix, en conséquence du décret de l'Assemblée nationale du sept janvier, sanctionné le seize mars, après les vêpres, Mrs de la Municipalité se sont transporté sur le champ de foire, vis-à-vis le calvaire, pour y recevoir le serment de la milice nationale qui s'y est également rendue en toute cérémonie ; ensuite Mrs de la Municipalité, en présence de tous les citoyens, ont eux-mêmes presté le serment civique, et enfin l'ont fait prester à tous les citoyens, y compris même le clergé qui s'y étoit rendu processionnellement et en corps ; après quoy on est venu à l'église de St Jean, où Mr le doyen de la collégiale (2), en conséquence de l'invitation qui lui en avoit été faite par Mr le Curé, a entonné le *Te Deum* (3).

(Non signé, mais de l'écriture du Curé).

(1) Jean Fouasson, vicaire, puis curé de Saint-Georges-de-Montaigu du 18 mars 1763 à la Révolution. Il refusa de prêter le serment, s'embarqua pour l'Espagne, et revint mourir à Saint-Georges en 1803.

(2) Mathurin Feuvre, précédemment curé de la Guyonnière.

(3) Le calvaire, dont il est question dans cet acte, s'élevait à l'entrée de la promenade dite des Olivettes, entre la route actuelle de Tiffauges et la rue de la Brèche, sur une butte assez élevée qui fut aplanie à la suite d'une délibération du conseil municipal : une

## V. — *Cimetière de la Paroisse Saint-Jean-Baptiste*

Le cimetière de la paroisse de Saint-Jean entourait l'église, comme c'était l'ordinaire. Nous l'avons connu, dans notre jeunesse, planté de rangées d'ormeaux, délicieux ombrage pour l'église, dont la frondaison vigoureuse ne trouvait pas assez souvent grâce devant la hache du sacristain : la vie n'avait pas le droit de se manifester librement dans le lieu qui avait été l'asile de la mort.

On n'y enterrait plus depuis bien longtemps ; plus rien ne révélait qu'ici avait été la demeure dernière de ceux qui nous ont précédés en ce monde : riches et pauvres y reposaient côte à côte, depuis l'interdiction des inhumations dans les églises, et le pas des fidèles foulait le sol aplani qui recouvrait leurs cendres [1] :

*Calcamus cineres : cineres calcabimur ipsi !*

Un signe cependant, la croix du vieux cimetière était

somme de 1100 francs avait été votée pour l'exécution de ce travail. (Session de mai 1830).

Quelques années plus tard, le 6 août 1836, le conseil municipal proposa de faire don de la croix et du piédestal du calvaire aux religieuses de Montaigu, qui, pour des raisons que nous ne connaissons pas, n'acceptèrent pas cette offre.

D'après le dire de Mme Pineau, aujourd'hui plus que nonagénaire, la croix de fer qui a été placée à l'extrémité sud de la promenade des Ollivettes, serait celle de l'ancien calvaire dont nous parlons.

(1) Il est donné en communication « une lettre adressée par le maire à M. le Sous-Préfet de l'arrondissement le 31 mai dernier, relativement à l'état peu décent dans lequel se trouve le cimetière actuel de la commune, aux moyens d'en rétablir la clôture et de

encore là, adossée au mur des anciennes halles [1]. Elle ressemblait aux croix élevées, dans le dernier siècle, aux carrefours de nos chemins, et au pied desquelles on dépose en passant une petite croix de bois, quand un mort est porté à l'église. La pierre supérieure du piédestal n'était autre que la pierre tombale, en marbre noir, d'un seigneur de Montaigu, Hardouin-René, comte de Crux, fils d'Armand-Gabriel de Crux et de Françoise de Saint-Martin. C'est ce qui nous fait penser que la croix fut déplacée lors de l'enlèvement des terres du cimetière, et qu'alors on se servit de cette pierre tombale aujourd'hui perdue. Nous pouvons donner, du moins, l'inscription qu'on y avait gravée :

*In spem resurrectionis,*
*hic jacet*
*Harduinus Renatus, comes de Crux,*
*clarus genere, vitâ clarior ;*
*vixit celer,*
*totus in lege Domini,*
*pauperum pater, mæstis solatium,*
*amicis eximius ;*
*parcus sibi, nemini defuit.*
*Obiit castello Montis Acuti,*
*die 10 9bre 1752,*
*Annos natus 55.*
*Mirare viator, et precare.*
*Requiescat in pace !* [2]

rassainir l'église paroissiale en vendant jusqu'à une certaine profondeur la terre de l'ancien cimetière, la dite lettre répondue d'un avis de M. le Sous-Préfet sous la date du deux du présent, et sur laquelle est intervenu un arrêt de renvoi au conseil municipal pour qu'il en prenne l'objet en considération. » Registre des délibérations, à la date du 19 juin 1806. — Le conseil municipal autorisa la vente des terres et décida que, si son produit dépassait la somme nécessaire pour la clôture du cimetière, le surplus serait employé en l'achat d'une horloge souhaitée par les habitants.

Il n'y avait pas encore d'horloge en 1811.

(1) Magasins actuellement de M. Gabriel Dupain.

(2) V. l'acte de sa sépulture, p.171.

C'est en 1790 que l'on désaffecta le cimetière. On augmenta la superficie de celui de la paroisse de Saint-Jacques, et, le 20 juin, on bénit le cimetière ainsi agrandi.

1790, 20 juin. — *Bénédiction du cimetière.*

Le vingt juin mil sept cent quatre vingt dix, à l'issue des vêpres, nous curé de cette paroisse soussigné, accompagné de Messieurs du chapitre de St Maurice, et de concert avec Mrs les curés de St Jacques et de St Nicolas, avons solemnellement béni un nouveau cimetière, proche l'église de St Jacques, destiné à la sépulture des habitants de la ville, fait par les soins de Messieurs les officiers de la municipalité qui ont assisté en corps à la cérémonie, accompagnés d'un très grand nombre d'habitants de la ville et fauxbourgs.

La Roche St André [1],
Maire.

P. J. Potel,
Curé de Montaigu.

Feuvre,
Doyen, Officier municipal.

Sauvaget,
Officier municipal [2].

La cérémonie eut lieu par une après-midi des plus chaudes. Le curé Potel, exposé aux rayons d'un soleil ardent, fit à ses paroissiens un sermon sur la fragilité de l'existence humaine : « Chrétiens, mes frères, s'était-il écrié, nos jours s'évanouissent comme la fumée. La vie de l'homme sur cette terre est le passage d'une ombre.

(1) Charles de la Roche-Saint-André, chevalier, seigneur des Gauchères, marié à Marie-Élizabeth Descorches de Sainte-Croix.

(2) Claude-Clément Sauvaget (frère de François Sauvaget, chanoine et sous-chantre de la collégiale de Saint-Maurice), était alors régent à Montaigu. Il devint maire en 1791, et président du comité royaliste en 1793. « J'ai eu un entretien avec le maître d'école de Montaigu, écrivait Dumouriez à l'administration départementale en 1792. Jamais Denys le Tyran ne professa de tels principes : il les inculque à ses jeunes élèves. » — (Mémoires de Mercier du Rocher.)

Peut-être moi qui vous parle, oui moi peut-être le premier, je vous précéderai dans cette nouvelle demeure. Puissé-je, ô mon Dieu, l'inaugurer heureusement, et y trouver le repos éternel ! » ([1]) Paroles de circonstance, auxquelles les événements donnèrent un caractère prophétique. Le curé Potel avait, en effet, gagné là une insolation, dont il mourut le 17 7bre suivant : il fut le troisième à être enterré dans le cimetière qu'il avait béni ([2]).

Depuis 1790, le cimetière de St Jacques est l'unique cimetière de Montaigu. On y accédait par un chemin tracé entre les maisons habitées actuellement par M. Robin-Brisson et la veuve Félix Jagueneau : en 1854, on a créé la voie qui sert aujourd'hui.

Le 3 mai 1837, le conseil municipal décida de faire enlever les décombres de l'ancienne église de St Jacques pour augmenter le terrain à consacrer aux inhumations, et, en 1895, il fallut agrandir encore le cimetière devenu insuffisant : les morts eux-mêmes deviennent encombrants !

## *VI. — Pierres tombales dans l'église Saint-Jean-Baptiste*

Lors de la démolition de l'église de Saint-Jean-Baptiste, en 1863, M. Dugast en suivit avec d'autant plus de facilité les diverses phases, qu'il demeurait à quelques mètres de là. Il voulait vérifier si, comme il le pensait, la ville de Montaigu proprement dite était un point très ancienne-

([1]) M. Dugast-Matifeux, dans une note manuscrite, dit qu'il tenait ces renseignements du père Muneret.

([2]) V. l'acte de sa sépulture, p. 82.

ment habité, s'attendant à trouver dans les matériaux de la construction, et surtout dans les fouilles nouvelles qu'on allait effectuer, des vestiges de l'époque gallo-romaine. Ses espérances furent déçues. « On n'a pas « trouvé, écrit-il, une seule médaille, pas une tuile à « rebord ou crochet, pas un tesson de poterie romaine. « On a seulement découvert un petit moulin en pierre, « ou meule à bras, qu'on nous a cédé depuis lors, ce qui « implique en somme l'origine moyen-âge de Montaigu. « Les ouvriers nous ont également remis quelques « menues monnaies françaises, dont un exemplaire « d'argent du denier abbatial de Saint Martin de Tours, « que s'appropria plus tard Philippe-Auguste, quand il « établit la monnaie au type tournois, TVRONVS CIVITAS ; « une obole de Philippe-le-Bel, croix cantonnée des « lettres PH. REX ; une variété de sous frappés à Montaigu « même, sous Charles VII, lorsqu'il n'était encore que « roi de Bourges, avec la lettre M, initiale du nom de lieu, « à la fin des légendes (CAROLVS FRANCORVM REX M †) ; « un douzain de Charles X, roi de la Ligue, frappé en « 1593 ; et une mauvaise pièce de Louis XIII, en cuivre, « un peu plus large et un peu moins épaisse que notre « demi-franc actuel ou 50 centimes. Elle est extrêmement « mal battue et recèle encore, des deux côtés, un reste de « placage d'argent. Tout nous porte à croire que cette « obole de cuivre blanchi est bien de la fausse monnaie « seigneuriale, comme on en fabriquait tant alors en « Poitou, et c'est par là seulement qu'elle offre de « l'intérêt. » [1].

M. Dugast-Matifeux constata aussi que le sous-sol de l'église était un véritable charnier, bien que, depuis la déclaration du roi du 10 mars 1776, défense eut été

[1] *Échos du Bocage Vendéen*, 7e année, n° 1, pp. 12-13.

faite de pratiquer des inhumations dans les églises ([1]). Il faut lire les registres de l'état civil pour se rendre compte de leur fréquence : de l'année 1650 à l'année 1775, nous en avons relevé une centaine, et combien avaient été faites antérieurement ! Ce chiffre paraîtra d'autant plus élevé que les représentants mâles des familles nobles se faisaient enterrer, le plus ordinairement, dans l'église collégiale de Saint-Maurice, et que la chapelle du couvent des Religieuses Fontevristes était le lieu de sépulture des femmes de la noblesse.

Le dallage de l'église était formé par des pierres de granit encadrant un certain nombre de pierres tombales dont les pas des fidèles avaient fini par effacer l'inscription. Quelques-unes, que leur situation avait préservées, ont pu être relevées.

Celle d'un apothicaire portait, gravés en relief, le mortier et le broyon professionnels, avec les lettres I. A. et la date 1610. Une autre, artistement taillée, et placée devant l'autel de Saint-Jean-Baptiste, dans la chapelle des Gestins, était celle d'un seigneur voisin ; on y lisait : *Cy gist le corps de haut et puissant S. Loys Duchaffault*,

([1]) « Si cette déclaration eut été rendue plutôt, la petite ville de Mortagne (c'est Mortagne-sur-Sèvre, en Vendée), habitée par environ 1,000 à 1,200 personnes, sans compter les enfans, n'auroit sûrement pas été exposée à pleurer 134 pères ou mères de famille ou autres personnes formées, qu'elle perdit depuis le 17 janvier 1774 jusqu'au 27 avril 1775 ; car l'opinion générale, même des médecins et chirurgiens, est que cette mortalité ou épidémie, dont il a été dans le temps fait mention dans vos feuilles, fut occasionnée par le mauvais air que plusieurs respirèrent dans l'église, pendant l'exposition et après l'inhumation du sieur Augustin-Pierre Le Breton, négociant, qui s'y fit ledit jour 17 janvier 1774..., etc., etc. » — *Affiches du Poitou*, n°. 50, du jeudi 12 décembre 1776 ; lettre de Moisgas.

*esquyr, S. de la Senardière Bow, qui décéda le 2 may 1631* (1).

C'étaient les deux plus remarquables.

Nous citerons ensuite :

La tombe armoriée d'un magistrat dont la famille a longtemps possédé la Paynerie, en Saint-Hilaire-de-Loulay, et qui a imposé son nom à la Robinière : *Cy gist noble Jac. Robin, vivant sieur de la Michelière, advocat du roy à Mauléon, décédé le 2 mai 1624 ;*

Les tombes armoriées du père et de la fille :

*Cy gist le corps de noble René Micheleau, conseiller du roy, eslu à Mauléon, sieur de Boischalon et de Matifeu, décédé le... 165...* (2) ;

*Cy gist le corps de Françoise Micheleau, veuve de Michel Le Lou, écuyer, seigneur de Beaulieu, qui a fondé la béné-*

(1) Louis Duchaffault était fils de Nicolas Duchaffault, seigneur de la Sénardière et de Simonne Buor. Il épousa d'abord Jeanne Marchand, dont il n'eut point d'héritier, puis se remaria, le 3 décembre 1608, à Éléonore Du Plantis, dont il eut plusieurs enfants.

Louis Duchaffault, catholique des plus militants, fit une énergique opposition à l'exercice du culte réformé à Montaigu.

(2) Ce René Micheleau, aussi sieur de la Guicherie, était, en 1640, juge des ports à Montaigu (Dugast-Matifeux). Il avait épousé Catherine Robin, probablement fille de Jacques mentionné ci-dessus. De ce mariage, naquirent, à Chavagnes-en-Paillers : 1° le 9 juin 1619, Charles, qui eut pour parrain haut et puissant Charles Bruneau, seigneur de la Rabatelière, la Mancelière, la Robretière et la Jaunière, et pour marraine dame Anne Robin ; 2° le 12 août 1620, Anne, dont le parrain fut Jacques Girard, écuyer, sieur de la Chaussée, de la paroisse de Beaurepaire, et pour marraine demoiselle Jacquette Durcot.

*diction du St Sacrement, décédée le 24 novembre 1712, à l'âge de quatre vingts ans* (1);

La tombe d'un fondeur de cloches, nommé F. Allien, sur laquelle on avait gravé en relief une belle cloche, avec la date 1653.

Voici encore quelques autres épitaphes :

*Cy gist le corps de Pierre Duchaffault, écuyer, sieur de... décédé le... de novembre 1635.* — (Près la porte de l'église) ;

*Cy gist le corps de honorable homme Thomas Martin, vivant sieur de la ....dière, décédé le 23 de mars 1639.* — (Au même endroit) ;

*Cy gist le corps de Mtre Louis Lefebvre, vivant seigneur de la Sauvagère, décédé le 23 novembre 16...* (2) ;

*Cy gist Joseph Lefebvre, décédé le 24 juin 1651.* — (Près l'autel de la Ste Vierge) ;

*Cy gist le corps de Messire Pierre Douteau, prêtre, curé de ce lieu, décédé le 11 novembre 1755 ;*

*Ici repose Messire Pierre Charles de Buor, curé de Montaigu, décédé le 26 mars 1818, à l'âge de soixante cinq ans. Priez Dieu pour son âme.*

(1) Du mariage de Michel Le Lou et de Françoise Micheleau, naquit entre autres, le 19 septembre 1675, dans la paroisse de Saint-Jean de Montaigu, Jeanne Le Lou, qui fut la première supérieure de l'hôpital de Montaigu.

(2) Un Nicolas Lefebvre était greffier de la baronnie de Montaigu en 1620. Son nom figure dans l'acte de vente du temple protestant de Montaigu.

Louis Lefebvre mourut après le 4 mai 1634. Ce jour, il avait été parrain, à Beaurepaire, de Anne, fille de Mtre René Denys et de Michelle Maillard, sieur et dame de la Richerie.

## VII. — *Cure Saint-Jean-Baptiste*

Avant la Révolution, le curé de la paroisse Saint-Jean-Baptiste était logé, loin de son église, dans le lieu où a été construite la maison habitée aujourd'hui par M. Métay, capitaine en retraite.

La maison curiale qui existait à cet endroit [1], fut dévastée et incendiée pendant l'insurrection de mars 1793 ; quelques années après M. Jean-Mathurin Brethé, notaire à Montaigu, s'en rendit acquéreur.

Contrat de Vente
sur estimation
par expert.

DÉPARTEMENT DE LA VENDÉE

« Du vingt deux fructidor an quatre de la République Française, une et indivisible (8 7^bre^ 1796).

« Nous, Administrateur du Département de la Vendée, pour et au nom de la République Française, et en vertu de la loi du 28 ventose dernier (18 mars 1796), en présence et du consentement du Commissaire du Directoire exécutif, avons, par ces présentes, vendu et délaissé, dès maintenant et pour toujours, au Citoyen Jean-Mathurin Brethé, demeurant commune de Montaigu, à ce présent et acceptant pour lui et ses héritiers ou ayant cause, les Domaines nationaux dont la désignation suit : la maison ci-devant curialle de Montaigu avec cour et jardin se joignant, située dite commune de Montaigu, tenant d'un côté à

[1] Il était dû au marquis de Montaigu deux rentes, l'une de trois livres, et l'autre de deux sols six deniers, constituées sur les maisons et jardins de la cure de Saint-Jean, les deux payables à Noël.

ANCIENNE CURE DE MONTAIGU

Duchaffault et la Rousseau, d'autre à la veuve Marchais [1], d'un bout la rue et d'autre bout au dit Duchaffault, la dite maison généralement dévastée ; les dits biens provenant de la ci-devant maison curiale de Montaigu, réservée au ci-devant curé par la loi du 24 aout 1790, et dont la vente est ordonnée par celle du 28 ventose dernier ; les susdits biens évalués conformément à l'article 6e de la loi du 28 ventose, par le procès-verbal d'estimation du 23 thermidor dernier (10 aout), des citoyens Pierre Renaudin, demeurant à Montaigu, expert nommé par l'acquéreur, par sa soumission du vingt-un messidor dernier (9 juillet), et René Touzeau, demeurant audit Montaigu, expert nommé par délibération de l'administration du département, du... (*sic*), en revenu net à la somme de quarante cinq francs, et en capital à celle de huit cent dix francs... Cette vente est faite moyennant la somme de huit cent dix francs [2], etc., etc.

« Fait en Administration Départementale de la Vendée, à Fontenay-le-Peuple, les jours et an que dessus. Signé à la minute : Brethé ; Dominique Dillon, président ; Chaigneau, Gallet, Maignen, administrateurs ; Coyaud, commissaire, et Chessé, secrétaire en chef. Enregistré à Fontenay, le 28 fructidor an 4e, reçu 36 francs en promesse de mandats et assignats, sous la réserve des droits du dernier quart, signé : POEYDAVANT. »

Le 11 juin 1842, par acte de Me Brethomeau, notaire à Montaigu, M. Brethé vendit à M. Joseph Molas, plâtrier à Montaigu, pour la somme de 3,500 fr. : 1o les masures,

(1) Françoise-Marguerite Soulard, veuve Marchais. Il s'agit ici de la maison qui a servi d'école pour les garçons depuis 1838, et a été vendue par la commune de Montaigu, le 5 septembre dernier.

(2) Les acquéreurs de biens nationaux ayant droit à une remise de 10 %, la vente produisit, en définitive, la somme de 729 francs.

cour et jardin de l'ancienne cure de St Jean de Montaigu [1], 2° une masure, avec une petite cour derrière, telles qu'il les avait acquises des sieurs Faverou et Guicheteau, suivant acte passé devant Me Guitter, notaire à Montaigu, le 27 janvier 1827. « Ces objets, dit l'acte, se tiennent et confrontent de l'est et du nord à M. Bossis (aujourd'hui M. Brethomeau), de l'ouest à la commune (ancienne école des garçons) et du sud à la rue. »

De la totalité de l'immeuble, qui fut revendue par M. Molas, le 7 janvier 1845, à M. Jean-Gervais Mercier, notaire, pour la somme de 8,000 francs, puis, par les héritiers de ce dernier, le 9 mars 1892, à Mr et Mme Métay, une petite portion n'appartenait donc pas à l'ancienne cure.

Lors du rétablissement du culte, au Concordat de 1801, le curé de Montaigu fut logé dans la demeure que le seigneur de Montaigu avait fait construire, en 1600 et années suivantes, pour y établir, d'abord, le siège ou prétoire de la sénéchaussée seigneuriale, puis, à partir de la fin du XVIIe siècle, une école pour les garçons, dont l'insurrection du 13 mars 1793 détermina la fermeture. C'est à sa dernière affectation, sans doute, qu'elle dût de n'être pas vendue nationalement, la municipalité conservant au reste le désir de l'utiliser pour la même destination. Malheureusement, les événements ne le permirent pas ; et quand il fallut trouver une maison qui pût servir de presbytère, l'ancien local de l'école, épargné par l'incendie et les ruines de la guerre, était encore celui que sa proximité de l'église rendait le plus convenable.

(1) Sous la Restauration on retira un millier de francs de la vente, comme engrais, de la terre de la cour et du jardin. Ce n'était donc plus qu'un emplacement dénudé et jonché de pierres, dont M. Molas se rendait acquéreur pour y construire la plus gracieuse des maisons du Montaigu d'alors.

Bâtie sur les bords mêmes de la douve, cette habitation aux murs épais, aux fenêtres grillées de lourds barreaux de fer, et surmontée, à l'angle nord-ouest, d'une tourelle permettant de surveiller directement l'ancien chemin de la Rochelle, cette habitation, disons-nous, avait plutôt l'aspect d'une petite forteresse. Sa distribution intérieure laissait fort à désirer : pas une pièce n'était de plain-pied, et les appartements, mal distribués et bas d'étage, ne recevaient qu'un jour insuffisant, surtout au rez-de-chaussée. Aussi sa démolition, en 1885, n'est-elle pas à regretter. On a élevé, sur le même emplacement, une construction agréable et bien aménagée, dont M. Boudaud, architecte à la Roche-sur-Yon, a dressé les plans.

## *VIII. — Revenus de la Cure de Saint-Jean-Baptiste*

La cure de St Jean-Baptiste possédait des revenus provenant d'une dotation territoriale, qui paraît avoir été importante, et aussi de quelques rentes en nature et en argent (1).

### 1° *Dotation territoriale.*

1° Une métairie dans la paroisse des Brouzils. M. Dugast-Matifeux la mentionne dans ses notes manuscrites, sans la dénommer : malgré de longues recherches, nous ne pouvons la désigner.

(1) D'après le *Pouillé extrait de Dom Fonteneau* (XVIIIe siècle), la cure de Saint-Jean-Baptiste rapportait 500 livres à l'abbé de Saint-Jouin, patron présentateur, et la fabrique avait 62 boisseaux de blé de revenu.

2° Un jardin, contenant six boisselées, joignant le presbytère.

Il avait été affermé le 5 germinal an III (25 mars 1795), pour 3 années, moyennant la somme annuelle de 51 livres, et fut acquis, en exécution de la loi du 28 ventôse an IV (18 mars 1796), par le citoyen Brethé, de Montaigu.

3° Deux petits jardins dépendant du presbytère.

Ils avaient été affermés pour un an, le 25 floréal an III (14 mai 1795), au citoyen Brethé, de Montaigu, pour 26 livres par an, et furent vendus aux citoyens Fradet et Fayau jeune, de Montaigu, en exécution de la loi du 28 ventôse an IV.

4° Une pièce de terre, près le chemin des rivières, joignant les héritiers de Pavageau du Fleuret et Musset, affermée sur enchères : pour 3 ans à compter du 4 floréal an VI (23 avril 1798), au citoyen Marc Beauvineau, sous le cautionnement du citoyen Brethé, moyennant dix livres par an ; le 12 brumaire an IX (3 novembre 1800), au citoyen Fayau, pour 3 années à compter du 4 floréal de la même année (24 avril 1801), moyennant 21 livres par an ; le 21 floréal an XII (11 mai 1804), au citoyen François Girard, de Montaigu, pour 5 années à partir du 4 floréal (24 avril 1804), pour 7 francs ; et enfin au même, le 6 mai 1808, pour 5 autres années à partir du 23 avril 1809, pour 16 francs.

5° Une pièce de terre située à Montaigu, dépendant de la cure de St Jean, vendue le 9 février 1791 à François Guerry de Beauregard, demeurant à Nantes (et qui était l'un des héritiers de Mr Du Chaffault), par adjudication devant le directoire de district de Montaigu (1).

(1) Il avait acquis, le même jour, le pré de la Poupetière, en la commune de la Guyonnière, provenant des religieuses Fontevristes de Montaigu, et payé le tout 1,625 livres.

6° Le champ du Fief, près Matifeux, dépendant de la même cure, vendu le 4 avril 1791 à Charles Dugast-Matifeux pour 1,500 livres, par adjudication devant le directoire de district de Montaigu.

7° La pièce de terre dite la Madeleine, en la paroisse de la Guyonnière, dépendant de la même cure, vendue le 19 mars 1791 à Jean Jarousse et Perrine Gris, sa femme, de Montaigu, pour 300 livres, par adjudication devant le directoire de district de Montaigu.

8° Une pièce de terre, près le moulin du Gris, dépendant de la même cure, vendue le 19 mars 1791, pour 185 livres, à Pierre et Jacques Jagueneau, chapeliers à Montaigu, par adjudication devant le directoire de district de Montaigu.

9° Le Petit-Fief, en St Hilaire de Loulay, d'une contenance de dix boisselées, dépendant de la même cure, vendu le 19 mars 1791, pour 660 livres, à Jean-Charles Trastour, par adjudication devant le directoire de district de Montaigu.

10° Le pré de la Paroise, près Montaigu, dépendant de la même cure, vendu le 4 avril 1791, pour 2,150 livres, à Aimé-Louis-Sylvestre Fayau, par adjudication devant le directoire de district de Montaigu [1].

[1] Nous avons vu que la pièce de la Paroise avait été léguée par Marie Piveteau (testament du 16 juin 1729) à la cure de Montaigu, à la charge de deux services par an. (V. p. 52.)

Le pré de la Paroise, et la pièce de terre indiquée au 12°, furent affermés le 24 décembre 1779, par P.-J. Potel, curé de Saint-Jean, pour 9 années à partir de la Toussaint 1778, le premier pour 80 livres par an, l'autre pour 24 livres, à « Mre Esprit-Augustin Chabot, capitaine de dragons au régiment Dauphin, chevalier de l'ordre royal et militaire de Saint-Louis, demeurant en la ville de Montaigu, paroisse de Saint-Jean. » (Mre Esprit Chabot était déjà fermier, depuis Noël 1782, du pré de la Paroise). Le bail est signé : P.-J. Potel ; Chabot ; Gourraud, nore royal ; Sorin, nore royal pour registre. Il fut controllé à Montaigu, le 28 décembre 1779, par Goupilleau qui reçut 28 sols. (Minutes Sorin : étude de Me Duchasténier).

11° Une terre de cinq boisselées en la commune de la Guyonnière, joignant d'un côté Mr de l'Écorce, et de toutes parts les terres de la Robinière, dépendant de la même cure, vendue le 15 pluviose an IV (4 février 1796) pour 185 livres, à Jean Chapeleau de Montaigu, par adjudication devant le directoire de district de Montaigu.

12° Une pièce de terre, située sur le chemin de servitude conduisant des fossés de cette ville au fief des Essarts et de la cure, affermée le 7 8bre 1774 par Messire Pierre Jean Potel, prêtre, curé de la paroisse st Jean, à dlle Anne Dugast, épouse non commune en biens de noble homme François-Frédéric Bellouard de Jémonville, demeurant à Montaigu, pour sept années à partir de la Toussaint 1774, moyennant 18 livres par an [1].

L'acte est signé : P.-J. Potel ; Gourraud, nre royal ;
Sorin, nre royal pour registre.

Controllé à Montaigu le 17 8bre 1774, par Goupilleau qui a reçu 7 sols. (Minutes Sorin : étude de Me Duchastenier).

13° Un jardin situé sur les fossés de la ville de Montaigu, appellé la Paroise, appartenant au curé de St Jean à cause de sa cure, avec le réservoir et le pavillon au coin dudit jardin, tenant : d'une part au chemin qui conduit

[1] Nous pensons qu'il s'agit de la même pièce de terre que celle qui fut affermée le 9 décembre 1788, par P.-J. Potel, curé de Saint-Jean, à Julien Béranger, jardinier aux Rochettes, en Saint-Hilaire-de-Loulay, pour 5 années à commencer de la Toussaint 1788, moyennant 27 livres par an, et qui est ainsi désignée « une pièce de terre dépendant de la cure de Saint-Jean, située proche le fief des Essarts en la paroisse de Saint-Hilaire-de-Loulay, et joignant le jardin du seigneur Chabot de Coulandre » ; le bail, au rapport de Sorin, nore royal, pour registre, et de Gourraud, nore royal, fut controllé à Montaigu, le 20 décembre 1788, par Goupilleau qui reçut 7 sols 6 deniers. (Minutes Sorin : étude de Me Duchasténier.)

de Montaigu à la Robinière, d'autre part au petit chemin qui conduit à la fontaine de Frogé, et d'autre part au pré dépendant de la cure. Ce jardin fut affermé par Pierre-Jean Potel, curé de St Jean, le 30 7[bre] 1782, à Jacques Brossier, demeurant à Montaigu, pour 7 années à commencer de la Toussaint suivante, moyennant 50 livres par an. Le bail est signé : Jacques BROSSIER ; P.-J. POTEL, curé de Montaigu ; GOURRAUD, n[re] royal ; SORIN, n[re] royal ; pour registre ; controllé à Montaigu, le 19 8[bre] 1782, par Goupilleau qui reçut 15 sols ; (minutes Sorin : étude de Me Duchasténier.)

14° Une pièce de terre, appelée la pièce du Pasty-Masson, en la paroisse de la Guyonnière, d'une contenance d'environ quatre boisselées (1). Cette pièce fut arrentée le 5 aoust 1787 par le comte Du Chaffault, par l'acte suivant :

« Aujourd'huy dimanche cinq du mois d'aoust mil sept cent quatre vingt sept, en l'assemblée du général et habitants de la paroisse de St Jean de cette ville de Montaigu, convoquée au prosne de la messe paroissialle du dimanche vingt neuf juillet dernier à celle de ce jour, et au son de la cloche à la manière accoutumée, à laquelle ont comparu : Messire Pierre-Jean Potel, prestre, curé de la ditte paroisse ; Me Jean-Victor Goupilleau, licentier ès loix, procureur fiscal ; noble maitre Joseph Auvynet, avocat en parlement, sénéchal de cette ville ; noble maître Hardouin-Aymé Thiériot, docteur en médecine ; noble maitre Pierre-Bruneau Thiériot, conseiller du roy et son procureur en la maréchaussée de cette ville ; maître André-Joseph Gourraud, notaire royal et procureur ;

(1) Le cadastre de la commune de la Guyonnière indique, section A, n° 899, une pièce de terre, dite le Pâtis-Masson, de 1 hectare 40 de contenance.

noble maître Jacques-Pierre-Aymé Thiériot, docteur en médecine ; noble maître Louis Richard, sieur de la Vergne, aussi docteur en médecine ; maître Jean-François Goupilleau, le jeune, procureur ; maître Louis Musset de la Bretonnière, procureur ; François Rayneau ; Jean Doussin ; Jean-Baptiste Jolivet ; Pierre Jagueneau et Jean Le Gendre, formant les tous la plus saine et majeure partie des habitants ; à laquelle assemblée tenue en la sacristie de la ditte paroisse, et hors du lieu saint, ledit sieur curé a dit qu'il dépend de la ditte cure de S^t Jean une pièce de terre appellée la pièce du Pasty-Masson, contenant quatre boisselées ou environ, scittuée proche le lieu de la Bétrie, en la paroisse de la Guyonnière, tenant d'une part au chemin qui conduit de Montaigu à la Bruffière, d'autre part aux terres du seigneur comte Duchaffault ; que le champ estant éloigné de cette ville au moins d'un tiers de lieue, son éloignement privoit ledit sieur curé presque d'aucun produit ; qu'aujourd'huy le seigneur comte Duchaffault, propriétaire voisin de la ditte pièce, offroit de la prendre pour en payer à la ditte cure la rente fontière, annuelle et perpétuelle de dix boisseaux de bled seigle mesure de cette ville ; que cette (rente) doublera et au-delà le produit de la ditte pièce ; en conséquence a prié les dits sieurs habitants de prandre en considération l'avantage qui peut résulter, en faveur de la ditte cure, de l'arrentement de la ditte pièce, et de donner leur avis pour cet arrentement.

« Les dits sieurs habitants ayant mis la proposition en délibération, ont dit parfaitement connaître la ditte pièce de terre, et que son éloignement la rend de peu de valleur pour la cure, et que la rente de dix boisseaux seigle proposée est de beaucoup plus de valleur que le produit de la ditte pièce, en conséquence sont d'avis et consentent qu'elle soit donnée à titre de rente fontière au dit seigneur Duchaffault.

« En cet endroit est comparu en personne Louis-Charles comte Duchaffault [1], chevalier, seigneur de Chambretaud, la Forest Thierry, Melay, la Goyère et autres lieux, lieutenant-général des armées navales de sa Majesté, commandeur grand croix de l'ordre royal et militaire de S^t^ Louis, demeurant en cette ville de Montaigu, paroisse de S^t^ Jean ; auquel ledit sieur Potel, curé, et du consentement desdits sieurs habitants, a, par ces présentes, tant pour luy que pour ses successeurs curés à la ditte cure de S^t^ Jean de Montaigu, ceddé et transporté, à titre de rente fontière et non autrement, audit seigneur comte Duchaffault stipulant et acceptant, la ditte pièce de terre cy-dessus nommée désignée et confrontée, pour, de la part dudit seigneur comte Duchaffault, en payer annuellement à la ditte cure de S^t^ Jean, à chascun terme et feste de Notre Dame d'aoust, la rente fontière, annuelle et perpétuelle du nombre de dix boisseaux de bled seigle, mesure de Montaigu, et dont le premier payement en sera fait à la Notre Dame d'aoust de l'année mil sept cent quatre vingt huit, et ainsi continuer perpétuellement, la ditte rente payable par spécial hipotèque sur le bien et métairie de la Robinière, en la paroisse de S^t^ Jean de Montaigu, et sans que la spécialité déroge à la généralité, se fortifiant au contraire ; et ne pourront les présentes préjudicier à une rente de huit boisseaux de bled seigle, même mesure, d'hue à la ditte cure sur la ditte métairie de la Robinière ; au moyen de quoy s'est le dit curé, tant pour luy que pour ses successeurs curés à la ditte cure, démis, dévestis et dessaisy de la propriété, possession et jouissance de la ditte pièce de terre, pour en vestir et

[1] C'est le glorieux amiral Du Chaffault, marin-laboureur, dont M. Dugast-Matifeux a écrit la biographie, qui mourut dans la prison du château de Luzançay, le 11 messidor an II (29 juin 1794), à l'âge de 87 ans.

saisir le dit seigneur comte Duchaffault, pour, par luy et les siens, en jouir, user et disposer dès ce jour et à perpétuité comme de son propre bien et ancien dhomaine, à la charge par luy de tenir la ditte pièce de terre rosturièrement du seigneur de qui elle se trouvera relever, comme de payer à l'avenir, quitte du passé, les cens, rentes, charges et devoirs seigneuriaux qui peuvent estre dubs sur la ditte pièce, tout quoy les parties ne sçavent pas pour le présent, et ont promis de le déclarer lorsqu'ils en seront accertainés ; qui est tout ce qui a esté ainsy voulu, consenty, stipullé et accepté par les parties ; à l'entretien, ont obligé et hipotéqué tous et chascuns leurs biens meubles et immeubles présents et futurs, dont, etc. etc. jugés et condamnés, etc., etc.

« Fait et arresté en la ditte assemblée, les jour, mois et an que devant ; lecture faitte y ont les parties persisté et signées avec nous, fors ledit Gendre qui a déclaré ne le sçavoir. »

Goupilleau, Procureur fiscal, fabriqueur. — Thieriot de Lorvouère.

Goupilleau. — Thieriot, D.-M. m. — P.-J. Potel, Curé de Montaigu.

Richard, D.-M. — Thieriot, D.-M. — Auvynet. — Musset. — Rayneau.

Jean Doussin. — Jean-B. Jolivet. — Pierre Jagueneau.

Le c[te] Duchaffault. — Gourraud, No[re] royal. — Sorin, No[re] royal pour requeste.

Controllé à Montaigu le 11 aoust 1787, reçu huit livres, dix neuf sols, trois deniers.

Goupilleau.

(Archives de l'hôpital de Montaigu, liasse B [18]).

2° *Rentes en nature.*

Des rentes en nature, comme des rentes en argent, nous ne connaissons sans doute qu'une faible partie. Ce sont :

1° 4 boisseaux de froment, sur le tènement de la Baraillère, en la paroisse des Brouzils.

« Sachent tous que de vous haut et puissant seigneur Messire Guillaume Laurans Bedaud, chevallier, seigneur de l'Écochère, la Guyonnière, la Limouzinière, la Roche-Charbonneau, la Roche-Thévenin, la Clerbaudière et autres lieux,

« Nous, etc., etc., tenons et avouons tenir roturièrement de vous, notre dit seigneur de la Roche et de la Clerbaudière, aux devoirs et rentes cy-après déclarées, les maisons, ruages, domaines et héritages qui appartiennent à chacun de nous au village de la Baraillère, sittués en la paroisse des Brouzils...

« Ce sont tous les biens et domaines que chacun de nous tenons et avouons tenir audit village de la Baraillère, en ladite paroisse des Brouzils, relevant et mouvant de votre ditte seigneurie de la Roche et Clerbaudière, que nous vous baillons par le présent nos déclarations roturières, que nous affirmons sincère et véritable, et sauf icelle accroître, corriger, augmenter ou diminuer si faire se doit, et que tenus y soyons lorsqu'il sera venu à notre connoissance ; le surplus dudit village et tènement est possédé par différents autres teneurs, sur lequel nous reconnaissons que vous avés droit de seigneurie, de prendre et percevoir lods et ventes [1], et tous autres

[1] Lods et ventes : droits de mutation dus au seigneur pour la vente d'un bien dans sa censive, c'est-à-dire situé dans l'étendue de terres roturières dépendant d'un fief et devant payer une redevance au seigneur de ce fief.

honneurs et émoluments de fief appartenant par la coutume à seigneur bas foncier, et reconnaissons, en outre, qu'il est dû sur le total et général dudit tènement et village de la Baraillère les rentes qui suivent...

« A la cure de St Jean de Montaigu, quatre boisseaux de froment... mesure de Montaigu, payables au terme de Notre Dame d'aout, chaque année...

« Fait et passé au lieu de la Souvestrière, en la susditte paroisse des Brouzils, étude et au rapport de moy Fréneau, l'un de nous dits notaires, cejourd'huy vingt six février mil sept cent quatre vingt cinq.

« TRASTOUR, FRÉNEAU,
« No[re] aux susd[tes] requestes. No[re] aux requêtes des rendants.

« Controllé à Montaigu le 1er mars 1785, reçu 15 sols. Signé, GOUPILLEAU. » (1).

Le 2 juin 1810, les propriétaires du tènement de la Baraillère consentirent un titre nouveau en faveur de l'hospice de Montaigu, qui était devenu propriétaire des rentes par la loi du 4 ventôse an IX (23 février 1801) et l'arrêté du 7 messidor suivant (26 juin). (2).

2° 2 boisseaux de froment, sur le tènement des Pionières, paroisse de la Guyonnière, reconnus de rente fontière et réquérable par acte du 8 8[bre] 1740 au rapport de Gautreau, notaire à Montaigu, et par acte du 1er février 1788 au rapport de Thibaud, aussi notaire à Montaigu. Ils étaient dus au terme de Notre Dame de mi-aout, et devinrent la propriété de l'hôpital de Montaigu par application des loi et arrêté précités ; le 12 7[bre] 1810, les propriétaires du

(1) Aveu du 26 février 1785, aux Archives de l'hôpital de Montaigu, liasse B 18.

(2) Minutes Thibaud : étude de Me Duchasténier.

tènement des Pionières en consentirent un titre nouveau, en faveur de l'hôpital, par acte au rapport de Thibaud (1).

3° 28 décalitres de bled seigle sur le tènement de la Bézochère, en la paroisse de la Guyonnière, reconnus par titre nouveau du 25 8bre 1770, au rapport de Bégaud, notaire registrateur, et de Fréneau aussi notaire, consenti à Pierre-Jean Potel curé de St Jean de Montaigu. Cette rente était due au terme de mi-aout. La nation ayant vendu quelques-unes des terres qui en étaient grevées, le Préfet de la Vendée la réduisit, par arrêté du 23 novembre 1809, à 17 décalitres, et, le 20 juin 1811, les propriétaires de ce qui restait du tènement consentirent un titre nouveau en faveur de l'hôpital de Montaigu, par acte au rapport de Charrier, notaire à Montaigu (2).

4° 5 boisseaux 1/3 de bled seigle, sur le tènement de Heudin, en la paroisse de St Hilaire de Loulay, lesquels étaient dus et réquérables au terme de mi-aout. C'est ce qui résulte de deux aveux : le premier, du 8 juillet 1700, au rapport de Thoumazeau et de Badereau, notaires, rendu à « haut puissant seigneur Messire Gabriel-Antoine de Crux, chevalier, seigneur marquis de Crux et de Montaigu, Vieillevigne, Saffré, Boisrouaud, le Plessis-la-Gaisne, Thouvois, Rocheservière, Loudrière et autres lieux, à cause de sa terre, seigneurie et marquisat de Montaigu » ; le second, du 2 août 1713, au rapport de Bouron et Dugast, notaires, rendu à « haut et puissant seigneur Armand-Gabriel de Crux, chevalier, seigneur comte de Crux, marquis de Montaigu, Targé, Saint-Maxire, Beaulieu et autres lieux. » (3).

(1) Minutes Thibaud : étude de Me Duchasténier.

(2) Minutes Charrier : étude de Me Denis, à Montaigu.

(3) Archives de l'hôpital, liasse B7.

5° 8 boisseaux de bled seigle, sur la métairie de la Robinière. (V. acte du 5 aoust 1787, p. 101.)

6° 10 boisseaux de seigle sur la même métairie de la Robinière, en la paroisse St Jean de Montaigu, mais seulement à partir du 5 août 1787. (V. acte du 5 aoust 1787, p. 101.)

7° 4 boisseaux de blé seigle, mesure de Montaigu, requérables à la mi-aout, sur le tènement de la Bodinière, en la paroisse de St Georges de Montaigu, reconnus dans un aveu du 29 avril 1748, rendu à haut et puissant Messire René Darquistade à cause de sa seigneurie de la Poitevinière, même paroisse. (V. aux rentes en argent, p. 108.)

7° Dans un aveu du 29 avril 1748 rendu à haut et puissant seigneur Messire René Darquistade, écuyer, conseiller secrétaire du Roy, maison et couronne de France, et de ses finances, l'un des quatre lieutenants de la grande venerie de France, seigneur châtelain de St Fulgent, la Maillardière, la Folliette, la Haye-Guesselin, la Poitevinière, et autres lieux, il est reconnu être dûe à la cure de St Jean de Montaigu, sur le tènement de la Bodinière, à cause de la seigneurie de la Poitevinière, une rente de 4 boisseaux de seigle, mesure de Montaigu, requérable à la mi-aout [1].

8° *Dixmes.* — Elles devaient être moins importantes à Montaigu qu'ailleurs, la circonscription territoriale étant presque nulle. Cependant le curé de Saint-Jean et celui de Saint-Nicolas en prélevaient dans les paroisses voisines. Nous allons en fournir la preuve en citant un acte au rapport de Sorin, notaire, acte qui nous montrera aussi de quelle difficulté devait être la perception de certaines

(1) Minute signée Bouron et Payraudeau, notaires : étude de Me Charruel, à Chavagnes-en-Paillers.

dîmes, et expliquera le nombre prodigieux de procès que cette perception entraînait fatalement.

« Le 14 septembre 1767, Messires Nicolas-Claude Duchasténier, curé de St Jean, et Pierre-Alexis Payraudeau, curé de St Nicolas de Montaigu, afferment, pour sept années consécutives, à Jean Beziau, journalier, demeurant au village de Roussay en St Hilaire de Loulay, la sixième partie, dépendante de chacune leurs cures, des dîmes à lever au total à la seizième partie, sur les lieux et fruits ci-après, sçavoir : dîmes de bled froment, seigle, avoine, orge, baillorge, mille, bled noir, poids, fèves, navines, lins, laine, agneaux, qui sont grosses, menues et vertes dîmes, sur les villages, terres et tènement de la Haute Roullière, les Places, la Sallerie, et sur la partie du tènement de Heudin qui est entre le chemin des Landes de Roussay, conduisant au village de Heudin, et les terres de la Roullière, le tout paroisse de St Hilaire de Loulay ; — deux autres tiers desdits fruits de dixmes sont dus à la cure de la dite paroisse de St Hilaire ; — plus la dixme, à la même quotité, appartenant, moitié par moitié, auxdits sieurs Duchasténier et Payraudeau, sur la pièce de terre, à présent labourable et ci-devant en vigne, appelée la Pièce de la Métairie, contenant environ quinze boisselées, située en la dite partie du tènement de Heudin, sur laquelle la cure de St Hilaire n'a aucun droit de dixme ce qui est une exception de ses dits deux tiers ; — plus afferment aussi, chacun an, une douzième partie, dépendante également de leurs cures, de la dixme des vins sur le village et tènement de la Sallerie ; à la charge par le preneur d'acquitter annuellement pour les bailleurs, le nombre de six boisseaux deux tiers de blé seigle, mesure de Clisson, dus sur lesdites parties de dîmes, par ces présentes affermées, à l'hôpital de Clisson, à l'acquit du sieur prieur de la Trinité dudit lieu, ladite rente de six boisseaux deux tiers dhue, par moitié, par lesdits sieurs bailleurs, comme faisant partie de la rente de vingt boisseaux due à l'hôpital de Clisson sur la totalité de ces dimes ; — le surplus, qui est treize boisseaux un tiers, étant dû par la cure de St Hilaire pour raison de ce qu'elle perçoit des mêmes dimes ; le tout, pour la somme de trente livres que ledit Béziau s'oblige de payer, moitié par moitié, aux sieurs Duchasténier et Payraudeau, à la fête de la Toussaint.

« GOURRAUD, Nore. SORIN, Nore pour registre.

« Controllé à Montaigu le 20 7bre 1767. Reçu 6s 6d, GOUPILLEAU. » (1).

3° *Rentes en argent.*

Nous ne connaissons que les suivantes :

1° Rente de 28 sols, due à Noël, sur le tènement de la Riblauderie, en la paroisse des Brouzils ;

2° Rente de 18 deniers, due à Noël, sur le tènement des Pairaudières, en la paroisse des Brouzils ;

Ces deux rentes furent reconnues par un aveu rendu le 29 avril 1748, à « haut et puissant seigneur Messire René Darquistade, écuyer, conseiller secrétaire du roy, maison et couronne de France, et de ses finances, l'un des quatre lieutenants de la grande venerie de France, seigneur chatelain de St Fulgent, la Maillardière, la Folliette, la Haie-Guesselin, la Poitevinière et autres lieux » (2) ;

3° Rente de 7 sols et 6 deniers sur la Gouraudière, en la paroisse de la Guyonnière, reconnue par un aveu du 20 janvier 1701 rendu au marquisat de Montaigu (3).

(1) Minutes Sorin : étude de Me Duchasténier.

(2) Minutes de Bouron : étude de Me Charuel, de Chavagnes.

(3) Archives de l'hôpital, liasse B 12.

Cette rente était due primitivement à la cure de Notre-Dame ;

4° Rente de 15 sols sur la Guibondelière, paroisse des Brouzils (aveu du 1er juillet 1773).

Il faut ajouter à ces rentes, qui n'étaient certainement pas les seules, celles qui étaient attachées à des fondations de messes ou de services.

## *VIII. — Fondations en l'église Saint-Jean-Baptiste*

Dans le registre des années 1652 à 1674, se trouve un feuillet numéroté 9 et 10, fin et seul reste d'un manuscrit qui contenait la liste des fondations faites à l'église, en même temps qu'il indiquait les biens et les rentes affectés à leur entretien (1). Combien est regrettable la perte de ce mémoire, qui nous eût fait connaître bien des faits à jamais ignorés !

Nous reproduisons textuellement le peu qui en a été conservé :

*Item*, un service pour feu Jean Girard, de St Georges, dont le service est spécifié dans son testament, dont la rétribution est de cinq boisseaux de blé sur la Chapelière en St Georges.

*Item*, un autre service de trois messes chantées et office des morts dans l'octave de la Toussaint, fondez par feu Mr Frémillon, dont la rétribution est de cinq boisseaux de bled seigle sur... *(sic)*.

*Item*, un autre service d'un nocturne et laudes et de

(1) Ce manuscrit fut rédigé à une époque bien postérieure à celle du registre dans lequel il a été annexé.

deux messes chantées, fondez par Mr Fleury (1), dont la rétribution est de cinquante sols de rente sur la maison de Pierre Brunelière, dit la Vigne, au bourg de St Hillaire de Loulay.

*Item*, un service d'un nocturne et laudes, et de trois messes chantées, fondez par dame Desfontaine, veufve d'un Gabard, dont la rétribution est de trois livres à prendre sur un jardin, à elle appartenant, derrière la maison du sieur Jacques Thibaud, chapelier de St Jacques, et sur lequel il a fait bâtir une boulangerie et un four, et aboutant au cimetière dudit St Jacques.

*Item*, un service, fondez par d. Marie Giguet, de deux messes basses et une chantée, pour un petit jardin par elle donnez à la cure dudit St Jean, proche la Robinière, dont le testament aussy bien que la pluspart de cy dessus se peuvent voir parmy les papiers de la cure (2).

*Item*, ledit sieur curé doit quatorze messes basses, dans l'église des religieuses de cette ville, pour les seigneur et dame du Hallé (3), dont la rétribution est de trante boiceaux seigle et quinze sols en argent, sur Melay-Marin et la Bésochère, en la Guionière.

*Item*, lesdits sieurs curez lèvent cinquante sols de rente sur une maison, au faux bourg de St Jacques, vers l'hôpital, possédée à présent par le nommé Thomas, chaudronier, pour la rétribution, dit-on, d'une procession quy se fait tous les ans de l'église de St Jean à celle de St Jacques, au jour de l'Ascension.

(1) Julien Fleury, sieur de l'Épinays, fils de maistre Jacques Fleury et de Perrine Gabard, se maria, le 11 novembre 1664, à Jeanne Jousneau, fille de Gaspard Jousneau et de Françoise Blanchet, de la paroisse de Saint-Étienne-du-Bois.

(2) Il n'y a d'archives à la cure que depuis la Révolution.

(3) On écrit maintenant le Hallay, en la commune de Boufféré.

*Item*, une messe basse et un salut du St Sacrement, fondez nouvellement par Mr de la Couprie-Gazeau, au jour de St Louis son patron, dont la rétribution est de trois livres, sur une métayrie appellée la... *(sic)*, à lui appartenant dans la commune de la Boissière [1].

*Item*, un salut aussy du St Sacrement, chaque premier jeudy des mois et second dimanche, fondez par dame Françoise Micheleau, veufve de Mr Baulieu Le Loup, dont la rétribution est de vingt deux ou vingt trois livres, payables au mois de mars, à présent par le sieur La Motte-Jadaud, chirurgien, aux prévosts de la confrairie du St Sacrement quy en doivent payer la rétribution auxdit sieur curez.

*Item*, deux messes basses fondées par Louise Le Maignan du fief de l'Isle [2], à chaque festes de St Pierre et de St Louis, pendant sa vie et après son décès le jour qu'il arrivera, dont lesdits sieurs prévosts de la confrairie du St Sacrement sont chargez, en vertu de la somme de quarante écus donnez par laditte dame pour les frais de l'érection de laditte confrairie.

*Item*, quatre services, nouvellement fondez par feu Mre Claude Duret, vivant curé de la Grolle [3], d'un nocturne et laudes et d'une messe chantée chacun, dont le premier se doit faire sçavoir : le premier, pour feu maitre Gilbert Duret, vivant son père, en l'octave de St Pierre et de St Paul ; le deuxième, pour defunte Jullièng Boutau, sa mère, au jour de Ste Jullième, le 25 may [4] ; le troisième

[1] Louis Gazeau de la Brandanière, chevalier, seigneur de la Couprie, décédé à Montaigu le 15 mai 1702, fut enterré le lendemain dans le chœur de l'église de la Boissière.

[2] V. son acte de sépulture, p. 67.

[3] Ancienne paroisse réunie à celle de Rocheservière.

[4] Sainte Julienne, martyre en Toscane.

service, pour dame Catherine Duret, sa tante encore vivante, au jour et fêtes de S^te Catherine, le 25 novembre ; et le quatrième et dernier, pour le repos de son âme, au jour et festes de S^t Claude, le sixième juin ; dont la rétribution est de huit livres sept sols six deniers à prendre sur les Logis des Dorinières, en cette ville, comme il paroit par le contrat qu'il en a mis aux archives de la cure dudit S^t Jean.

*Plus*, on reçoit dix sols, par an, sur le tènement du Rorthays, en la paroisse de Treize-Septiers, comme curé de Notre-Dame et de S^t Jean, dont on devoit anciènement faire un service solennel dans l'église de S^t Jean avec Mess^rs les curés des faux bourgs qui lèvent aussi chacun cinq sols sur ledit tènement. Pour moy, je dis simplement une messe basse pour les dix sols que j'en reçois chaque année, à Noël.

J. Clénet, curé de Montaigu [1].

## *IX. — Liste chronologique des Curés et Vicaires de la paroisse de Saint-Jean-Baptiste*

### I. — Curés

1534. — Julien Giguet. (V. procès-verbal de visite de l'archidiacre Marchant, à la fin de cet ouvrage.)

1585. — René Giguet : il était sans doute parent, neveu peut-être, du précédent.

(V. abjuration du sergent Vinet, p. 54.)

[1] Jacques Clénet fut curé de Montaigu de 1697 à 1708. Pour compléter son mémoire, nous rappellerons les fondations déjà rapportées, pp. 52, 61, 62, 67 et 68.

1640. — L. GILLOT.

(Nous n'avons pas trouvé ce nom, cité par Dugast-Matifeux dans l'article qu'il a fait insérer dans les *Chroniques paroissiales du diocèse de Luçon*, t. II, p. 190.)

1640. — F. BILLÉ. (28 juillet 1654, dernière signature sur les registres de la paroisse.)

Julien MINGUET. — Première signature : 7 décembre 1654 ; dernière signature : 13 mai 1674.

Julien Minguet mourut à Montaigu, six mois après avoir quitté sa cure, et fut enterré dans le chœur de l'église de Saint-Jean, vis-à-vis le grand autel. (V. p. 59). C'est sous son rectorat qu'il y eut procès pour le possessoire de la cure de la ville de Montaigu, procès qui se termina en décembre 1658, et à la suite duquel les curés de la paroisse de Saint-Jean-Baptiste signèrent tous leurs actes du qualificatif : « Curé de Montaigu. »

Julien Minguet était le neveu de René Festiveau, prêtre du diocèse de Luçon qui fut longtemps curé de Saint-Martial d'Angoulême, auteur d'agréables poésies latines dont quelques-unes, comme la suivante, témoignent des sentiments affectueux qui animaient l'oncle et le neveu.

AD DOMINUM MINGUET

PRÆSBYTERUM

*Clare nepos, mecum maneas, communia nobis*
*Omnia semper erunt ; quæ mea sunt, tua sunt.*

RESPONSIO

*Quam mihi dilectus, reverendus avunculus extat,*
*Non verbis ullis posse referre puto.*
*Debeo ei tantum (teneris me pascit ab annis)*
*Quantum nutrici, patribus atque meis* [1].

Ce fut grâce à l'intervention puissante de son oncle,

[1] *Festiveau Renati poesis sacra seu epigrammata et disticha christiana et moralia*, etc. — *Engolismæ, apud Petrum Mercatorem, urbis typographum et bibliopolam*, 1643, in-8° de 296 pp. parch.

que Julien Minguet obtint la cure de Saint-Jean-Baptiste de Montaigu, et peut-être faut-il attribuer à sa nomination, autant qu'à autre chose, le procès que nous venons de rappeler.

Louis Renou. — Première signature : 30 avril 1674 ; dernière signature : 26 octobre 1679.

G. Florent. — Première signature : 9 janvier 1680 ; dernière signature : 2 mars 1683.

Jean Pache. — Première signature : 25 mars 1683 ; dernière signature : 14 décembre 1690.

Jean Pache, bachelier en théologie, était fils de Jean Pache et de dame Marie Verdon. Il avait une sœur dénommée Anne, qui se maria à Saint-Jean-de-Montaigu, le 31 juillet 1684, avec Jean Mahé, apothicaire. Lors de ce mariage, Jean Pache, le père, était mort.

Nous n'avons trouvé qu'une abjuration, celle de Marc Barion, à la date du 29 juillet 1685, sous le rectorat de Jean Pache ; c'était pourtant l'époque de la révocation de l'Édit de Nantes !

Au bas des actes des 25 mars et 2 avril 1683, on lit : « Pache, prêtre, pour avoir pris sur l'extrait ». G. Florent aurait-il donc été encore curé à cette dernière date ?

René Giraudeau. — Première signature : 8 janvier 1691 ; dernière signature : 27 mars 1697.

Il résigna sa cure en faveur du suivant, et devint chanoine de Saint-Maurice.

Jacques Clénet. — Première signature : 29 avril 1697 ; dernière signature : 12 octobre 1708.

Il devint chanoine titulaire de Saint-Maurice, après avoir résigné sa cure en faveur du suivant.

Pierre Douteau. — Première signature : 6 novembre 1708 ; mort le 10 novembre 1755.

« Le sixième jour de novembre mil sept cent huit, je, soussigné, Pierre Douteau, prêtre, ay pris possession réelle et actuelle, personnellement, de la cure, Église et paroisse de St Jean Baptiste de la ville de Montaigu, en vertu de la résignation pure et simple à moy faite par M[sire] Jacques Clénet, prêtre, cy-devant curé, admise en cour de Rome, approuvée à l'ordinaire, sans opposition.

« P. Douteau, curé de Montaigu. »

Pierre Douteau, vicaire de Boufféré en 1705, fut le curé qui occupa le plus longtemps la cure de Montaigu. Il mourut le 10 novembre 1755, âgé de 76 ans. (V. p. 77.)

Fils de Jean Douteau (mort à Montaigu le 14 février 1735, âgé de 85 ans), il était originaire de l'un des villages de la paroisse de Saint-Georges qui avoisinent celle de Chavagnes. Le 23 mars 1704 il était diacre, et fut alors parrain de Mathurin Douteau, qui devint curé de Saint-Jacques de Montaigu.

Pierre Douteau, le curé de Saint-Jean-Baptiste, était probablement l'oncle du curé de Saint-Jacques, mais nous ne pouvons être plus affirmatif, la famille des Douteau étant très nombreuse, et les registres de l'état civil étant perdus.

César-Charles Chauvelin de Beauregard. — Première signature : 31 décembre 1755 ; dernière signature : 8 août 1756.

C'est lui, croyons-nous, qui, dans le *Dictionnaire historique et généalogique des familles du Poitou* de Beauchet-Filleau, est qualifié : *bénéficier de Nantes.* Il serait alors fils de François-Sylvain Chauvelin, chevalier, seigneur de Beauregard, Mortesgne, le Verger, les Aguestons, la Mothe-Pommeraye (Queaux, Vienne), Availles, la Sigogne, capitaine au régiment de Picardie, puis inspecteur des haras du Poitou, mort en août 1767, et de Catherine de Nuchèze [1].

Il devint curé du Loroux, ce qui expliquerait son titre de bénéficier de Nantes; il signe, en effet, le 29 septembre 1756, à une sépulture dans l'église de Saint-Jean de Montaigu : « Recteur du Loroux, en l'absence de M. le curé de Montaigu. »

Nicolas-Claude DUCHASTÉNIER. — Première signature : 8 septembre 1756 ; dernière signature : 8 octobre 1768.

Né le 17 juillet 1729, il était fils de Claude Duchasténier, notaire à Poitiers (qui mourut le 6 février 1780) [2], marié le 9 septembre 1747 à Radégonde Rolland, fille de Nicolas, bourgeois de l'hôtel de ville, et de Marie-Anne Vergnault. (Beauchet-Filleau, loc. cit.). [3].

Le curé Duchasténier, « licentié ès loix », faisait de fréquentes absences. Dès le 14 mai 1762, nous voyons Jagueneau, sacriste à Saint-Maurice, « vice-gérant de la paroisse St Jean, en l'absence du curé. » Les actes des 15, 20, 25 et 26 janvier 1768, sont signés : Bodin, prêtre desservant. Ce sont les seuls actes jusqu'au 17 mars, date à laquelle reparaît Duchasténier. Du 4 août au 17 septembre 1768, il est remplacé par P. Payraudeau, curé de Saint-Nicolas de Montaigu, « chargé de faire les mariages et toutes autres fonctions dans la paroisse de St Jean de Montaigu, du consentement et à la prière du sieur curé actuellement absent, et confirmée, ladite

(1) Tome II, 2e édition, page 344.

(2) *Les Affiches du Poitou* disent le 17 : « Poitiers, 17 février, Me Claude Duchasténier, doyen des notaires de cette ville, âgé d'environ 79 ans, paroisse de Saint-Cybard. (No du 24 février 1780, page 31.)

(3) M. Duchasténier, actuellement notaire à Montaigu, est un arrière-petit-neveu du curé de Montaigu.

permission, par l'Illustrissime et Réverendissime Evesque de Luçon. »

Les absences prolongées du curé Duchasténier tenaient peut-être à ce qu'il était en même temps prieur de Beauvoir, et se devait aussi, par conséquent, aux devoirs de cette autre charge.

Le curé Duchasténier avait un frère puîné, Joseph [1], qui, en sa qualité de procureur au présidial de Poitiers, était chargé de soutenir en appel la plupart des procès de notre région. Ce fut chez lui que fut mis en pension, de décembre 1767 à juin 1768, Philippe-Charles-Aimé Goupilleau, le futur membre de la Convention nationale.

Le 10 octobre 1768, Potel permutait avec Duchasténier, qui le remplaçait comme directeur des religieuses de Clisson, et devenait ensuite chanoine de Sainte-Radégonde de Poitiers [2].

Pierre-Jean Potel. — Première signature : 10 octobre 1768 ; dernière signature : 15 juillet 1790.

« Le dix octobre mil sept cent soixante-huit, à deux heures après midi, je, soussigné, directeur des religieuses de Clisson, ai pris possession de l'église de St Jean de Montaigu, en conséquence de permutation avec Mr Duchasténier, et de provision de cour de Rome, en présence dudit Duchasténier et autres. » (Registre de la paroisse Saint-Jean-Baptiste.)

Potel, curé de Montaigu.

(1) Joseph Duchasténier fut baptisé, paroisse Saint-Didier, le 16 octobre 1736. Il épousa, le 13 novembre 1764, Marie-Madeleine-Renée-Radégonde Jardel, fille de Jean-René, avocat, et de Renée-Guiot de Chambeau, et mourut à Poitiers le 15 avril 1813. (*Dictionnaire des familles du Poitou*, 2e éd., t. II. p. 194.)

(2) Beauchet-Filleau dit qu'il fut nommé à ce canonicat en 1768. Ce serait alors en l'année même de sa permutation avec Potel.

Pierre-Jean Potel était originaire de Candé en Anjou. Son frère, procureur près le Parlement de Paris ([1]), fut chargé de défendre les intérêts de l'hôpital de Montaigu, lors de son procès avec Charles-Antoine Durcot, chevalier, seigneur de Puytesson (en 1775).

Le curé Potel mourut le 17 septembre 1790. (V. p. 82.)

Jacques RAILLON. — Première signature : 24 novembre 1790 ([2]).

Il était professeur de seconde et de rhétorique au collège de Luçon, quand il fut nommé curé de Saint-Jean de Montaigu par Mgr de Mercy. N'ayant pas voulu prêter le serment exigé des prêtres, il fut déporté en 1793, et, à sa rentrée en France, devint successivement le précepteur des enfants de Mr Portalis, conseiller d'État, évêque d'Orléans en 1810, évêque de Dijon en 1829, et enfin archevêque d'Aix en 1830. Il mourut dans cette ville en 1835.

Ce fut le plus remarquable des curés de Montaigu, et pour le mieux faire connaître nous reproduisons la lettre que Mgr Sibour, archevêque de Paris, qui avait été secrétaire de l'archevêché d'Aix, écrivait en 1851 à M. Dugast-Matifeux.

« J'ai beaucoup connu et beaucoup aimé Mgr Raillon, quoiqu'il soit resté bien peu de temps au milieu de nous. C'était un homme de beaucoup d'esprit, et d'un esprit très cultivé. Je n'étais pas son secrétaire. J'étais le secrétaire de l'archevêché ; M. l'abbé Figuier, aujourd'hui

([1]) Potel demeurait à Paris, rue des Marmousets, paroisse de Saint-Pierre-aux-Bœufs.

([2]) Les registres de l'année 1791 sont perdus, et la dernière signature de Raillon que nous ayons pu relever est du 28 décembre 1790. On sait que la loi du 20 septembre 1790, an quatrième de la Liberté, enleva aux prêtres la tenue des registres de l'état civil.

chanoine d'Aix, était plus particulièrement attaché à sa personne. Mgr Raillon a laissé quelques ouvrages imprimés, fruits de sa jeunesse. Il en parlait peu. C'étaient des églogues, des apologues dans le genre de Gessner [1]. Il avait publié cela au retour de l'émigration. L'ouvrage capital de Mgr Raillon, celui auquel il avait consacré les plus belles années de sa vie, c'était l'histoire de saint Ambroise [2]. L'ouvrage était fini, et prêt à tirer à l'impression quand il est mort. Les difficultés de sa succession n'ont pas permis aux héritiers de s'occuper de la publication de ce livre. C'est très regrettable, l'ouvrage est excellent. Le succès aurait été assuré, si on l'avait publié lorsque la mémoire de Mgr Raillon était vivante. Encore aujourd'hui, je crois qu'il réussirait. J'avais voulu moi-même m'occuper de cette publication, après la mort de Mgr Raillon. Il y eut des obstacles insurmontables dans l'état de sa succession.

« Je ne sais plus où sont aujourd'hui les manuscrits. Ils étaient alors à Lyon chez un notaire. »

Claude Bouche, curé assermenté. — 16 octobre 1791, 13 mars 1793.

Le 8 mai 1791, avait eu lieu, dans l'église de Saint-Jean, l'assemblée électorale du district de Montaigu réunie à l'effet de procéder au remplacement des curés réfractaires à la loi dans treize communes, dont celle de

(1) *Recueil d'idylles*, Paris, Nyon, an XII (1803), vol. in-24, dédié au consul Cambacérès, avec cette épigraphe : *Ruris amor... reverentia justi. — Le Temple de l'amitié.*

(2) L'histoire de saint Ambroise eut pu former quatre volumes in-8°. On craint que le manuscrit n'ait été dévoré par les rats, étant depuis lors toujours resté sous les scellés. (*Chroniques paroissiales du diocèse de Luçon*, page 194, tome II, note.)

Montaigu. Claude Bouche, vicaire assermenté d'Ardelay ([1]) fut élu, et accepta la succession de M. Raillon.

La municipalité royaliste fit au nouveau curé le plus hostile accueil, et Sauvaget, l'ancien maître d'école qui avait été nommé maire, refusa de l'installer. « Votre maire de Montaigu, écrivait Dumouriez ([2]), a été à l'école de Denis le Tyran ; il a donné samedi, ainsi que tous ses confrères, sa démission pour éviter d'être obligé d'installer le curé constitutionnel. Cette cérémonie a été faite par le district ([3]), avec des circonstances qui prouvent le fanatisme et la malice de ceux qui conduisent le peuple à Montaigu. Dès que l'installation a été faite, la municipalité tout entière s'est fait renommer et a repris ses fonctions. J'imagine que l'Assemblée nationale, qui sera nécessairement instruite de ces faits ([4]), épluchera la

([1]) Claude Bouche signe sur les registres de la paroisse d'Ardelay, du 11 janvier 1787 au 12 juillet 1791. (Note de M. Bourloton.)

([2]) Lettre de Dumouriez aux administrateurs du département de la Vendée, à la date du 15 novembre 1971. (V. Chassin, *la Préparation de la guerre de Vendée,* t. II, p. 97.)

([3]) Le district de Montaigu installa Bouche le 16 octobre 1791.

([4]) Elle le fut par Gensonné et Goupilleau, de Montaigu. « Le maire, écrit ce dernier, est en même temps principal du collège ; en cette qualité, il était astreint au serment de la Constitution civile ; on n'a jamais pu le lui faire prêter. Quant au procureur de la commune, il cumulait avec cette place celle de secrétaire du district, et c'est tout récemment qu'on lui ôta ce dernier emploi, dont il était indigne, car jamais homme plus inconstitutionnel ne pouvait remplir une place constitutionnelle... En démissionnant pour ne pas recevoir le curé légal, ces hommes ont outragé la loi ; à présent qu'ils se sont fait réélire, ils pourront d'autant mieux prêcher la révolte contre la loi, outrager le vertueux curé constitutionnel, le harceler, le forcer à céder la place au curé inconstitutionnel qu'ils protègent. » Cité par Chassin, loc. citat., p. 108.

Cette dernière phrase pourrait faire penser que Raillon était resté à Montaigu, ou du moins demeurait dans les environs.

légalité de la seconde nomination de cette municipalité, après avoir donné une démission marquée au coin du mépris des lois et de la crainte d'être chargée de les faire observer. De quel côté, Messieurs, trouvez-vous que soit l'intolérance à Montaigu ? »

Comme le demandait Dumouriez, Gensonné, le 21 novembre, dénonça avec indignation la conduite des officiers municipaux de Montaigu : « Ce serait bien vainement, dit-il, que vous prendriez des mesures contre les prêtres perturbateurs, si les agents des administrations ont la bassesse d'être de connivence avec eux ! » Mais l'Assemblée nationale repoussa la motion, faite par l'un de ses membres, de mander à sa barre le maire et le procureur de la commune de Montaigu, et ceux-ci cherchèrent à se disculper dans des mémoires que Dumouriez qualifia « pleins de fausses assertions », et « faits à l'insu et contre le vœu du district ». Ils trouvèrent, au reste, un défenseur en la personne de Pichard de Page, procureur-général-syndic du département, qui fit valoir l'inimitié personnelle du député Goupilleau, ancien procureur-syndic, contre Sauvaget, et fournit au pouvoir exécutif des renseignements assez favorables pour que la démission offerte par le maire, le procureur de la commune, et leurs collègues, moins deux, ne fut pas acceptée (1).

Bouche conserva ses fonctions jusqu'au 13 mars 1793 (2) ; il fut fait alors prisonnier par les Vendéens qui s'étaient

(1) La municipalité de Montaigu se composait de : Claude-Clément Sauvaget, maire ; Charles-Marie Richard, docteur-médecin, oncle du cardinal-archevêque actuel de Paris ; Chaignon, intendant du marquis de Juigné ; Hervé Barbanson, ancien receveur principal des fermes, avant la Révolution ; Faverou, procureur de la commune. C'est lui dont parle Goupilleau dans la note précédente.

(2) Nous avons dit déjà que le dimanche qui précéda l'insurrection du 13 mars 1793, il avait encore chanté la grand'messe dans son église de Saint-Jean.

emparés de Montaigu, et resta entre leurs mains pendant quelques mois. Le 9 brumaire an II (30 octobre 1793), il obtint, du directoire du département, un secours « après sa délivrance des mains des brigands », et alla finir ses jours dans une retraite restée inconnue ([1]).

Après le 13 mars 1793, aucun prêtre ne résida à Montaigu. Les prêtres réfractaires, aussi bien que les prêtres assermentés, n'y eussent pas vécu en sécurité, la place changeant souvent de maître. Mais nous savons que, au péril de leur vie, Marion, ancien curé de Saint-Jacques, et Jean Girard, ancien curé de Saint-Georges, y vinrent secrètement apporter à quelques-uns les secours de la religion.

Sous le Directoire, l'église Saint-Jean avait été transformée en grenier public, et ce n'est qu'au Concordat de 1801 qu'elle fut rendue au culte.

Pierre-Charles de Buor.

Né à Saligny, le 30 juin 1752, fils de Louis Buor et de Louise Buor.

Il avait été curé de Boufféré, du 1er janvier 1788 au 22 juillet 1792, et avait refusé le serment. Devenu curé de Montaigu, il n'en continua pas moins à être le titulaire desservant de la commune de Boufféré, ce qui entraînait pour lui un surcroît de dépenses dont il demanda au Conseil municipal de Montaigu de le dédommager.

« Le Maire a déposé sur le bureau une pétition adressée à M. le Préfet par M. le Curé de Montaigu qui réclame, en augmentation de traitement, une somme de 500 francs, en marge de laquelle est le renvoy à M. le Sous-Préfet qui doit donner son avis, après avoir reçu celui du conseil municipal.

([1]) Note que nous a communiquée M. E. Bourloton.

« La matière ayant été mise en délibération, le conseil a considéré :

« 1° Que l'augmentation demandée par M. le Curé peut être envisagée comme nécessaire, à raison de la chèreté des denrées, des dépenses qu'occasionnent les relations à entretenir avec le chef-lieu de l'arrondissement, et surtout la desserte de la commune de Boufféré qui nécessite un cheval et ses accessoires, dont, sans elle, le pétitionnaire n'aurait pas besoin ;

« 2° Que cette augmentation ne serait donc pas nécessaire si le spirituel des deux communes n'était pas réuni, ou si la séparation en était opérée par la suite ;

« 3° Qu'il serait à désirer que l'état pourvînt lui-même à cette augmentation, en assimilant, pour le traitement, tous les curés des chefs-lieux d'arrondissement, celui de Montaigu se trouvant dans un cas d'exception commun à un petit nombre.

« 4° Que si le gouvernement n'adoptait pas cette mesure générale, et que le supplément réclamé doit être classé parmi les charges de la commune, il serait de toute justice, dans l'espèce, que celle de Boufféré le supportât seule, puisque, d'après la pétition elle-même, c'est son unique intérêt qui donne ouverture à l'augmentation ; que cette conséquence devient encore plus évidente, lorsqu'il est certain que la dite commune de Boufféré n'a contribué en aucune manière aux réparations de l'église et de la maison curiale, qui ont absorbé et peuvent absorber à l'avenir de très fortes sommes comparativement aux revenus de la ville de Montaigu ;

« 5° . . . . . . . . . . . . . . . . . . . . .

« 6° Enfin que s'il était reconnu, ce que le conseil ne présume pas, que la commune de Boufféré ne pût pas faire face à la totalité du supplément, celle de Montaigu ne pourrait y contribuer forcément que pour deux cinquièmes que le conseil n'accorderait encore qu'à titre de secours provisoire ;

« En conséquence, le conseil a été d'avis que M. le Préfet serait supplié d'employer son intervention pour faire ranger au nombre des dépenses de l'État le supplément de traitement réclamé par M. le curé de Montaigu ; que, dans la négative, le supplément devrait être supporté par la commune de Boufféré, et que si les ressources de celle-ci étaient insuffisantes pour y pourvoir, circonstance qu'il ne peut admettre, la commune de Montaigu pourrait forcément y contribuer pour la somme de 200 francs, qu'elle ne payerait qu'à titre de secours, et autant que durerait l'union spirituelle des deux communes.

« A Montaigu les jour, mois et an que devant [1].

« Valton aîné. Simon [2]. Fayau jeune [3].

« Chabrol. Tortat ».

Comme suite à cette délibération, le conseil municipal de Montaigu demanda, le 2 mai 1806, la réunion civile de la commune de Montaigu à celle de Boufféré, et inscrivit, au budget de 1807, une somme de 250 francs pour supplément au traitement du curé [4].

[1] Délibération du conseil municipal de Montaigu, du 3 janvier 1806.

[2] Simon (Jacques-Étienne-François), huissier public, marié à Marie-Anne-des-Anges-Gardiens Payraudeau.

[3] Fayau (Jean-Baptiste-Olivier-Jacques), marié à Marie-Monique-Aimée Payraudeau. En 1804 (an XII) il était commissaire du gouvernement près le tribunal de Montaigu.

[4] Ce même jour, 2 mai 1806, le curé Buor présentait au conseil municipal, dont il était membre, « un mémoire des réparations faites dans l'intérieur de la maison curiale, et indispensables pour en rendre l'habitation décente », qui s'élevait à la somme de 180 francs. « Monsieur le curé, dit la délibération, prenant en considération la

M. le curé Buor a laissé à Montaigu le souvenir d'un homme de bien, d'un prêtre pieux et tolérant qui répétait souvent ces paroles du Christ : « Aimez-vous les uns les autres » (1). Il mourut curé de Montaigu, le 26 mars 1818, âgé de 65 ans (2).

Dans l'*Extrait manuscrit du clergé de la Rochelle* (3) dressé après le Concordat de 1801, il est indiqué comme jouissant d'une pension de 267 francs. Il avait été titulaire de la chapelle de la Cantinière, dont dépendait la métairie du même nom en la paroisse de Chauché, qu'il afferma pour 300 livres, le 20 février 1790 (4).

détresse actuelle de la commune, a déclaré vouloir se restreindre dans sa juste répétition à la somme de cens francs, dont il eût fait un abandon généreux si sa fortune le lui eût permis. Le conseil qui reçoit avec sensibilité le sacrifice fait par M. le curé, lui en témoigne sa reconnaissance. »

(1) Chaque mercredi des Cendres, les jeunes gens qui avaient fêté le mardi gras se rendaient à la cure, et le curé Buor leur remettait un gros coq vivant, qu'il avait fait soigner pour eux, mais en leur recommandant bien de ne pas le manger avant le premier jour de gras permis. On le lui promettait en riant, et le curé reconduisait, avec une cordiale poignée de main, ceux qui venaient de lui faire une promesse qu'il savait n'être que de pure politesse.

A la même époque, un vicaire de Saint-Hilaire-de-Loulay réunissait le dimanche, après vêpres, filles et garçons, et les faisait danser sous les yeux de leurs parents, jouant lui-même du violon.

Autres temps, autres mœurs !

(2) L'acte de son décès indique comme l'un des témoins : Pierre-Alexandre-Benjamin de Tinguy, chevalier de Saint-Louis, maire de Saint-Fulgent, y demeurant, neveu par alliance du défunt.

(3) Registre in-4°, relié en parchemin et couvert d'un papier rouge (Dugast-Matifeux).

(4) L'an VI, cette métairie appartenait à Vincent Guibert, demeurant au Chêne en la commune des Brouzils, et à Pierre-Martin Thibaud, notaire public à Montaigu, ce dernier au nom et comme mari et procureur de Marie Canteteau, son épouse.

Louis-Marie-Joseph Allain.

Né le 30 octobre 1750, en la paroisse de Notre-Dame de Bressuire, il était fils de Jean Allain et de Marie Chaireau. Prieur de Saint-André-Goule-d'Oie avant la Révolution, il devint curé de Boufféré en 1816, puis succéda à M. de Buor dans la cure de Montaigu.

Il demanda au conseil municipal un supplément de traitement qui lui fut refusé.

« Le conseil municipal délibère sur la pétition présentée au Préfet, en date du 22 février dernier (1821), inscrite 2e bureau n° 648, par M. Mazière, curé de Bourbon-Vendée, pour, a-t-il dit, M. Allain curé de Montaigu, tendante à obtenir pour ledit sieur Allain un traitement de 250 francs, pour l'indemniser de la réduction de la somme de 400 francs dont jouissait son prédécesseur par faveur du gouvernement.

« Les membres du conseil municipal après avoir délibéré :

« Considérant que les revenus de la commune ne permettent pas, dans ce moment, d'en augmenter les dépenses, sont d'avis qu'il n'y a pas lieu de faire droit à la pétition de M. Mazière, au nom qu'il agit.

« Trastour. Musset. Evelin. Sicot.

« Pavageau. G. Dupain. F. Musset ».

(Délibération du 17 avril 1821).

M. Allain mourut le 22 janvier 1823, âgé de 73 ans. On lit sur sa tombe, au cimetière : « Il fut un modèle de toutes les vertus chrétiennes par sa douceur, la pureté de ses mœurs et sa charité pour les pauvres : *Requiescat in pace !* »

Après la mort de M. Allain, Mgr René-François Soyer, évêque de Luçon, renouvela la demande en augmentation de traitement en faveur du curé qu'il allait désigner.

« Le conseil municipal délibère sur une lettre de Mgr l'Évêque de Luçon, en date du 3 février dernier (1823), adressée au Préfet, par laquelle il demande :

« 1° Si la commune accordera un traitement supplémentaire au pasteur qui doit remplacer, comme curé, M. Allain, décédé ;

« 2° Que le sort que la commune pourra faire influera sur sa détermination, ayant pour principe de donner les places les plus honorables et les plus avantageuses aux sujets les plus distingués ;

« 3° Que, dans le cas où il serait utile d'envoyer provisoirement un prêtre pour desservir la paroisse de Montaigu, s'il pourrait trouver une pension honnête dans cette ville.

« Par cinq voix contre trois, le conseil municipal déclare qu'il n'y a pas lieu d'accorder ce supplément, attendu qu'il ne reste pas actuellement de fonds libres sur les revenus de la commune.

« Musset. Trastour. Pavageau. Evelin.

« Gachet. Thibaud. G. Dupain. F. Musset,
« Maire. »

(Délibération du 8 mars 1823.)

Ce refus ne devait être que momentané. Après de nouvelles instances de l'évêque, ou pour le remercier du choix heureux qu'il avait fait, une somme de 300 francs fut portée au budget de 1824, à titre de supplément de traitement pour le curé, et ce n'est qu'en 1875 qu'elle a cessé d'y être inscrite [1].

Dominique Sidoli.

Le curé qui succéda à Allain, et en faveur duquel le

[1] V. budget de 1824, voté le 1er mai 1823, au n° 16.

conseil municipal se montra généreux, était Dominique Sidoli, né à Sidolo, dans le duché de Parme, et fils de Marc-Antoine Sidoli et Jeanne-Françoise Sidoli. Chassé de sa patrie par la révolution italienne fomentée par les carbonari, il se réfugia en France, et se fit colporteur pour gagner sa vie.

C'est ainsi qu'il se présenta au grand séminaire de la Rochelle, pour offrir sa marchandise. Il y fut bien accueilli. Mais dans ce milieu, entouré de jeunes gens qui allaient bientôt être prêtres, Sidoli ressentit une poignante émotion, et ne put dissimuler les larmes qui inondaient ses paupières. « Quel sujet de tristesse avez-vous donc, lui demanda-t-on ? — Ah ! répondit-il, c'est que, comme vous, j'ai eu l'honneur de porter la soutane ; je suis prêtre, comme vous désirez le devenir, mais les malheurs de ma patrie m'ont condamné à l'exil ! »

On comprend de quelle généreuse sympathie notre colporteur se vit aussitôt l'objet. Le Père Baudouin [1], qui dirigeait le séminaire, fut immédiatement prévenu, et, grâce à son intervention, Sidoli ne tardait pas à prendre place au milieu du clergé vendéen.

Le 10 avril 1816 il était nommé curé de Grand'Lande, puis, en novembre 1819, appelé à la cure de Saint-Christophe-du-Ligneron, qu'il quittait, le 19 mai 1823, pour devenir curé de Montaigu.

C'est là qu'il est mort le 31 janvier 1857, âgé de 71 ans, succombant à une hémorragie cérébrale qui l'avait foudroyé.

M. Sidoli est l'un des prêtres qui aient laissé les meilleurs et les plus durables souvenirs à Montaigu. Très scrupuleusement attaché à ses devoirs, bon pour tous, il pra-

[1] Louis-Marie Baudouin, né à Montaigu le 2 août 1765, fondateur de la Congrégation des Ursulines de Chavagnes.

tiquait les vertus qu'il enseignait aux autres. Sa charité était aussi grande que sa piété, et sa vie fut certainement celle d'un juste.

Personne plus que lui n'était détaché des biens de ce monde, et, quelques jours avant sa mort, dans une conversation qu'il avait sur la place de l'église avec M. Dugast-Matifeux, il disait que sa pauvreté était à ses yeux la plus grande des richesses.

On ne trouva que quelques sous au presbytère. Ses dernières pensées terrestres avaient été pour les pauvres.

Nous lisons au budget du bureau de bienfaisance pour l'année 1858 : « Par testament olographe du 27 7^bre 1855, Monsieur Dominique Sidoli, curé de la paroisse de Montaigu, y décédé le 31 janvier 1857, a légué aux pauvres de Montaigu le surplus de la vente de ses meubles, après l'acquittement de ses dettes et des dépenses courantes de sa maison. Monsieur Raballand, curé de S^t Hilaire de Loulay, son légataire universel et son exécuteur testamentaire, a remis 1,050 francs disponibles au bureau de bienfaisance, qui en a acheté de la rente 4 1/2 %. »

La piété des habitants de Montaigu lui a élevé, dans le cimetière, un modeste monument dû au ciseau du sculpteur Grootaers.

Dans ses dernières années, il avait vécu en compagnie d'une sœur chérie, Félicité-Feliciana, qui vint le surprendre un soir à Montaigu, où elle mourut le 2 octobre 1842, âgée de 50 ans.

René-Gabriel BARBOTIN.

Neveu de l'abbé Barbotin, l'aumônier des armées catholiques et royales pendant l'insurrection vendéenne, M. René Barbotin naquit à Fontenay-le-Comte, le 1^er décembre 1809, de René et d'Anne-Catherine Jaroussin. Après avoir fait ses études au collège de sa ville natale, il entra dans les ordres, et devint successivement vicaire des Essarts, curé de Sainte-Gemme et de la Ferrière ; il fut nommé à la cure de Montaigu le 2 mai 1857.

Il avait su gagner les sympathies de la population de Montaigu, qui le connaissait humain et compatissant.

Nommé chanoine de Luçon en remplacement de M. l'abbé Desvaux du Moutier, par décret du Président de la République en date du 7 mars 1883, il quitta Montaigu le mercredi 4 avril suivant, sans avoir fait aucun adieu, ni public ni particulier, à ses paroissiens, tant l'émotion le dominait.

Il mourut à Luçon le 7 janvier 1898, dans sa 89e année.

M. Barbotin vivait à Montaigu avec sa sœur Virginie, qui y décéda le 5 février 1880. Elle était née à Fontenay-le-Comte le 25 décembre 1800.

Pierre-Michel Gelot.

Né à Lépaux, en Saint-Michel-Mont-Malchus, le 20 mai 1831 ; élève du petit séminaire des Sables-d'Olonne ; secrétaire pendant deux années de Mgr Delamarre, évêque de Luçon ; ordonné prêtre le 7 mars 1837 ; aumônier du pensionnat de Saint-Gabriel, à Saint-Laurent-sur-Sèvre ; en 1859, professeur de rhétorique au petit séminaire des Sables-d'Olonne ; en 1863, professeur de philosophie au grand séminaire de Luçon ; le 1er janvier 1874, curé de Saint-Laurent-sur-Sèvre ; en 1878, professeur de théologie à l'Université catholique de Lille ; le 7 mars 1883, curé-doyen de Montaigu ; le 13 mai 1884, curé de la Roche-sur-Yon où il est mort le 11 octobre 1894 (1).

(1) On lit sur le monument qui lui a été élevé au cimetière de la Roche-sur-Yon, monument destiné à la sépulture des curés de ce lieu :

HIC DORMIT IN Xto | RD MICHAEL GELOT | SACERDOS, CANON. AD HONOR. | OLIM IN SEMIN. LUCION. | INSULENSIQ. UNIVERSITATE | S. THEOLOG. MAGISTER | OBIIT ROCHÆ S/ OION ARCHIPRESB. | DIE XVI OCTOB. MDCCCXCIV | LXIII ANNOS NATUS | DOCTRINA. SVAVIQ. PIETATE | INSIGNIS | JN PACE.

C'était un prêtre instruit, que les circonstances ont empêché d'arriver à l'épiscopat, auquel, disait-on, il était pourtant destiné.

Henri SUAUDEAU.

Né en 1839 ; il était curé de la Pommeraye quand, en décembre 1884, il fut nommé curé-doyen de Montaigu.

Les dernières années du décanat de M. Suaudeau furent marquées par des incidents dont nous dirons quelques mots.

En 1890, MM. Douillard frères, peintres-photographes à Montaigu, obtinrent du conseil municipal (1) la création d'une salle de théâtre, dénommée depuis salle des concerts, qui fut établie dans les halles. Pendant le cours de l'année 1891, ils y donnèrent plusieurs représentations artistiques, avec le concours de leur neveu Beauvineau, jeune ténor à la voix chaude et sympathique, et aussi de plusieurs artistes nantais, parmi lesquels il est juste de citer Mlle Angèle Maréchal, morte il y a quelques mois. C'était là un essai de décentralisation qui réjouissait les amateurs de bonne musique, et les délicats pour lesquels une agréable soirée venait, de temps en temps, rompre la monotonie de notre existence campagnarde.

M. Suaudeau prit ombrage de cet état de choses : il crut devoir refuser la participation aux sacrements à tous ceux qui avaient assisté aux représentations de MM. Douillard, professant ainsi une opinion que ne partageaient pas tous ses confrères dans le sacerdoce. De plus, sa conduite surprit et fut d'autant plus critiquée, que, précédemment, on avait prêté les chaises de l'église à une troupe de passage qui jouait des pièces de comédie dans la salle haute de la mairie.

(1) Délibération du 9 février.

Le jeune Beauvineau, mis en demeure d'opter entre ses fonctions d'organiste à l'église et celles de premier sujet au théâtre de ses oncles, quitta définitivement la scène, et, par suite, l'entreprise de MM. Douillard devait péricliter. Mais ceux-ci, blessés dans leurs intérêts, firent alors paraître une série de pamphlets, presque introuvables aujourd'hui, dans lesquels le curé Suaudeau et son vicaire furent pris à partie ([1]).

Nous sommes de ceux qui ont regretté qu'ils aient provoqué ces représailles.

M. Suaudeau donna sa démission pour raison de santé. Il est maintenant l'aumônier des « Religieuses des Sacrés-Cœurs », aux Brouzils.

Auguste Burlureau.

Originaire des Sables-d'Olonne, où il est né en 1836, chanoine honoraire et curé-doyen de Maillezais, il a été nommé curé-doyen de Montaigu par décret du Président de la République, en date du 19 mai 1897.

M. Burlureau, nous pouvons l'affirmer, s'est acquis la respectueuse sympathie de la population tout entière, et la mérite à tous égards : nous ne saurions faire un plus sincère éloge.

([1]) Ces pamphlets, restés au reste sans réponse, obligèrent M. le curé Suaudeau à faire, dans l'église paroissiale, le catéchisme destiné aux filles de l'école laïque. Jusque-là, il les réunissait, dans une des salles du pensionnat des Dames Religieuses de Chavagnes, aux élèves qui fréquentent l'école de ces Religieuses.

— On a prétendu que le Dr Augustin, pseudonyme de l'auteur des pamphlets, avait de nombreux collaborateurs. Or, le Dr Augustin n'avait besoin du concours de personne, et personne ne lui est venu en aide, sous quelque forme que ce soit.

## II. — Vicaires

1534. — Maurice LEBRET, Gabriel TILLON, Pierre GIGUET (plutôt prêtres attachés à la paroisse, que vicaires.)

1640. — DENIS.

BAUDON. — Première signature : 3 février 1653 ; dernière signature : 18 juillet 1654.

Jean ROUSSEAU. — Première signature : 15 avril 1657 ; dernière signature : 5 septembre 1665.

Le 21 novembre 1658, il fait un baptême dans l'église Saint-Jean-Baptiste et signe : prieur de Saint-Étienne-de-Corcoué.

Julien GUILLEMOIRE : 14 septembre 1658. — Il se qualifie : faisant fonctions de vicaire.

HERVÉ. — Première signature : 18 juillet 1666 ; dernière signature : 21 juin 1667.

Il devint ensuite chanoine de Saint-Maurice.

J. MOREAU. — Première signature : 25 décembre 1668 ; dernière signature : 20 janvier 1670.

Jean DE TOULECET. — Première signature : 26 juin 1672 ; dernière signature : 30 juillet 1672.

GOUJON. — Première signature : 20 janvier 1674 ; dernière signature : 6 mars 1674.

François MARCHAU. — Première signature : 27 septembre 1674 ; dernière signature : 14 mars 1675.

A un mariage à Saint-Jean-Baptiste, le 18 février 1676, il signe : prêtre demeurant à Boueferré. Il s'était donc retiré dans cette paroisse, dont il avait été vicaire de 1673 à juillet 1674, avant de le devenir de Saint-Jean de Montaigu.

P. Mahé. — 1er janvier 1677.

1742. — Sorin.

L. Piou. — Première signature : 9 août 1752 ; dernière signature : 27 novembre 1752.

Dans une liste de prêtres insermentés, embarqués aux Sables-d'Olonne pour l'Espagne, les 15 et 16 septembre 1792, on lit :

Pierre-Thomas Jousselin, ex-vicaire de Montaigu.

Pierre-Charles Renoux, prêtre instituteur à Montaigu.

Depuis la Révolution, et jusqu'à l'année 1852, il n'y eut pas de vicariat dans la paroisse de Saint-Jean-Baptiste.

En 1837, le conseil municipal alloua une somme de 300 francs à M. René Valton, précédemment curé de la Rabastelière de 1816 à 1837, qui résidait à Montaigu comme prêtre habitué.

Ce prêtre, né à la Bruffière le 27 janvier 1759, de René et de Louisa Chevalier, mourut à Montaigu le 26 octobre 1844, âgé de 85 ans, léguant aux pauvres de Montaigu une rente de 77 francs, en titres à 4 1/2 pour cent.

Le 5 avril 1841, le conseil municipal ajoutait une somme de 150 francs aux 200 francs que le conseil de fabrique avait promis, le 7 mars précédent, pour décider l'État à créer un vicariat ; le 3 février 1851, il en renouvelait encore la demande.

G. Collonnier. — 7 septembre 1842 à 1852 (1).

(1) Ces dates et les suivantes sont fournies par les registres de la paroisse. M. le curé Burlureau, qui a bien voulu nous les communiquer, n'a pu nous donner des renseignements plus précis.

P. Froger. — 1er décembre 1852 à 1854.

C'est, croyons-nous, le premier vicaire salarié par l'État.

Louis Douillard. — 1er janvier 1855 à fin août 1876 ; depuis curé de Pissotte.

Jacques Martineau. — 7 septembre 1876 à 31 décembre 1884.

Hippolyte [illegible] - 1er janvier 1885 - Décembre 1887.

Ferdinand Bureau. — 1er janvier 1888 à fin septembre 1888. Actuellement curé-doyen de Pouzauges.

Eugène Lhomme. — Octobre 1888 à janvier 1893.

Auguste Dudit. — Février 1893 à décembre 1896.

Louis Briaud. — 1er janvier 1897.

## CHAPITRE II

### I. — *Paroisse de Notre-Dame*

La paroisse de Notre-Dame ([1]), dont l'origine, à titre de chapellenie, parait aussi ancienne que celle de Saint-Jean-Baptiste et de Saint-Nicolas, n'existait plus, depuis longtemps déjà, lors de la Révolution de 1789. Elle s'étendait sur toute la partie orientale de la ville que limitent à l'ouest les rues de la Brèche, Saint-Lucas, de la Communauté et du Vieux-Couvent, et qui, alors très peuplée,

([1]) Nous ne pouvons indiquer que très approximativement l'étendue territoriale de la paroisse de Notre-Dame, son annexion à celle de Saint-Jean remontant à une époque déjà reculée.

est presque déserte à l'heure actuelle : la nouvelle école de garçons, que l'on vient d'y construire, ne ramènera sur ce point qu'un faible retour de la vie active d'autrefois. La propriété en est passée en des mains qui la détiendront longtemps sans doute, et c'est vers le nord de Montaigu, c'est-à-dire vers la gare, que se porte naturellement le mouvement de la population.

La paroisse de Notre-Dame cessa d'exister quelques années après la destruction de son église. Durant les guerres de religion du XVIe siècle, lors du siège que Montaigu tombé au pouvoir des réformés soutint contre les catholiques, l'église de Notre-Dame fut presque entièrement détruite par l'artillerie mise en position, en arrière de la Caillauderie, dans un champ qui en a retenu depuis le nom d'*Ouche aux Canons* [1]. Toute la partie orientale de la ville eut beaucoup à souffrir dans cette désastreuse circonstance : les fortifications qui la protégeaient furent abattues ; les remparts mêmes qui la couvraient de ce côté finirent par s'écrouler dans le fossé sous le feu des batteries, et la brèche qui en résulta fut si étendue, que les assiégés, sans même essayer de la défendre, se retirèrent dans le château, abandonnant la ville aux catholiques.

Depuis lors, ce quartier ne s'est jamais relevé de ses ruines. Aux maisons dont il était couvert, et qui ne formaient plus qu'un amas de décombres, succédèrent peu à peu des jardins et des cours. On vit s'y installer le chapitre de Saint-Maurice, que le mauvais vouloir du

[1] « Puis (le sieur de Bournezeau, seigneur du Landreau) s'en alla assiéger Montaigu, qu'il ne prit aisément, car encore que la ville soit assez forte, le château est encore plus fort, tellement qu'il y fut amené des pièces de batteresse (d'artillerie) de Nantes, et fut pris ledit château le 23 ou 24 mars (1569). » (*Chroniques du Langon*, p. 125.)

seigneur protestant avait chassé de l'enceinte du château ; un temple protestant y fut construit (1) ; la communauté des religieuses de Saint-Sauveur et l'école de la Propagation s'y fixèrent ; et Beufvier de la Louerie, possesseur de fiefs importants, y fit élever la somptueuse demeure connue sous le nom de *Grand-Logis*.

C'est ainsi que clercs et laïc, et plus spécialement les dames religieuses de Saint-Sauveur ou de Fontevrault, se divisèrent l'espace, et absorbèrent dans leurs enclôtures ce qui avait été occupé par des maisons particulières que l'on n'avait point relevées.

Le canon de du Landreau avait parachevé la ruine de l'église de Notre-Dame, que, l'année précédente, les protestants avaient en partie détruite par le feu (2). Aussi, et les ressources manquant évidemment pour la rétablir, les paroissiens demandèrent-ils leur union à la paroisse Saint-Jean-Baptiste.

### *Requête des habitants de Montaigu à l'Évêque de Luçon pour l'union des deux cures en une seule.*

« Supplient et vous remonstrent très humbslement les curez, recteurs, parroissiens et habitans de Saint Jean et de Notre-Dame de Montaigu, que lesd. parroisses, qui sont au dedans la ville dudit Montaigu, sont si petites, qu'il n'y a pas en celle de S$^{t}$ Jean six vingt communians,

(1) Le temple protestant occupait l'emplacement des maisons Chauvet (D$^{r}$ Chaigneau), ou de M. Poiron, charpentier.

(2) « Les églises collégiales et du doyenné de Montaigu, de même que celles de Notre-Dame et de Saint-Nicolas de Montaigu, ainsi que les presbytères » furent brûlés, en 1568, par les protestants. (*Hist. du monastère et des évêques de Luçon*, par A.-D. de la Fontenelle de Vaudoré, t. 1$^{er}$, p. 290.)

et y a en celle de Notre-Dame seize communians seulement, estans les deux églises à six vingt pas l'une de l'autre, celle de St Jean au chœur et milieu de la ville, et celle de Nostre-Dame à l'une des portes d'icelle ; la cure de St Jean n'étant que de cent livres de revenu, et celle de Notre-Dame environ de six vingt livres, à cause duquel petit revenu les curez ne peuvent faire autre service en leur église que dire la sainte messe à basse voix ; désireroient les suppliantes qu'il vous plaît, Monseigneur, incorporer lesd. deux cures en une, et que le service divin s'en fasse en l'église de St Jean qui est bâtie grande et spatieuse à suffire, celle de Notre-Dame estant ruinée, n'y en ayant qu'une petite partie couverte, et les logis du presbitaire totalement ruinés » [1].

Cette requête, des mieux fondées cependant, ne fut pas alors accueillie favorablement par l'évêque de Luçon. Les paroissiens de Notre-Dame devinrent, de fait, les paroissiens de Saint-Jean-Baptiste, mais le droit ne leur en fut accordé que beaucoup plus tard.

Lorsque, en 1626, Paule et Charlotte de Fiesque, religieuses bénédictines de la communauté de la Regrippière [2], vinrent, avec l'autorisation de l'Évêque de Luçon, fonder un monastère à Montaigu, les ruines de l'église Notre-Dame furent réparées pour qu'elle leur servît de chapelle, et l'union de la paroisse Notre-Dame à celle de Saint-Jean définitivement acceptée.

Nous donnons ici l'acte d'union, qui contient quelques détails bien curieux pour l'histoire religieuse de Montaigu.

[1] *Archives du diocèse de Luçon*, dans les manuscrits de Dom Fonteneau, t. LXIV, p. 823. Cette pièce, non datée et non signée, est fort intéressante par les détails qu'elle contient. — Dans une liste dressée à la fin du registre de la paroisse Saint-Jean, pour l'année 1693, nous avons compté 123 communiants en cette paroisse.

[2] La Regrippière, en la commune de Vallet (Loire-Inférieure).

*Union de la cure de Notre-Dame de Montaigu, à celle de Saint-Jean-Baptiste, dans la même ville.*

« Nous, Émery de Bragelongne, Évêque de Luçon, après nous être informé exactement du contenu en la présente requête [1], et nous être transporté sur les lieux ; vu les conclusions de notre Promoteur, nous avons accordé l'union de la cure de Notre-Dame à celle de de St Jean, avec les conditions portées par les procurations que chacuns d'eux (les curés et paroissiens) ont signé, à la charge que lesdits deux curés ne manqueront, les Fêtes et Dimanches, de dire Matines et leur messe, sçavoir : la première par le curé de Notre-Dame à sept heures, et la seconde, haute grande messe, à neuf heures, par le curé de St Jean qui dira le prône. Ordonnons et enjoignons audit curé de St Jean d'administrer les sacremens, et, en cas d'indisposition ou de maladie dudit curé de St Jean, celui de Notre-Dame les administrera, si ce n'est que les malades n'appellent quelque prêtre de St Maurice. Mais, sans maladie, ordonnons que ledit curé de St Jean fasse toutes fonctions de curé, même aux paroissiens qui seront de Notre-Dame ; et attendu que l'église collégiale, qui est en ce lieu, où Matines se disent tous les jours, dispensons les dits curés de dire Matines les fêtes ni dimanches ; voulons et ordonnons que notre présente ordonnance soit exécutée de point en point, néantmoins sous le bon plaisir de Monsieur l'abbé de St Jouin, comme présentateur des dites cures, dont il lui sera fait supplication par les dits habitans de donner son

[1] Nous croyons savoir qu'il s'agit d'une nouvelle requête, car dans les cinquante et quelques années qui suivirent la ruine de l'église, les paroissiens s'adressèrent certainement plusieurs fois à l'évêque.

consentement ; et attendu qu'il est porté par leur procuration, qu'avenant le décès dudit curé de St Jean, que le curé de Notre-Dame feroit les fonctions de ladite cure unie comme curé de St Jean, laissons ce différend comme ledit sieur abbé reconnoitra capable ledit curé de Notre-Dame. Pour le regard du curé de St Nicolas, permettons aux habitans paroissiens de venir au service dans l'église de St Jean ; audit curé de leur administrer les sacremens, si ce n'est qu'en maladie ledit curé de St Nicolas ne soit appellé de ses paroissiens ; et ordonnons audit curé de St Nicolas d'assister les fêtes et dimanches, et dire la messe dans icelle paroisse de St Jean, ou baillera un prêtre en sa place qui assistera à chanter la grande messe ; vû le peu d'habitans de ladite paroisse de St Nicolas, la proximité du lieu, avons permis ce service, dû à St Nicolas, se transférer pour un an en ladite église de St Jean, afin que le service divin se fasse avec plus d'édification et contentement pour tous lesdits habitans. Fait à Montaigu, faisant notre visite, ce quinzième jour de juin mil sept cent vingt sept.

« Émery DE BRAGELONGNE [1],
« Évêque de Luçon. »

La paroisse de Notre-Dame cessait d'exister.

Le nouvel état de choses dura jusqu'à la Révolution. Mais alors les ravages de la guerre accumulèrent encore sur ce point ruines sur ruines, et de nouveaux propriétaires ont succédé aux chanoines, aux religieuses et aux maîtresses d'école de l'ancien régime.

Tout souvenir traditionnel de ce passé est absolument perdu : nos vieillards n'en ont jamais entendu parler, et

(1) *Archives du diocèse de Luçon*, dans les manuscrits de Dom Fonteneau, t. XIV, p. 843.

la porte de ville élevée sur l'ancien chemin de Tiffauges, dite porte de Notre-Dame, n'évoquait pour personne l'existence d'une paroisse de ce nom. Cette porte s'est écroulée en janvier 1847, et le nom de Notre-Dame ne s'applique plus à rien désormais.

Quelle place occupait l'église de Notre-Dame ? François-Frédéric Bellouard de Jémonville, sénéchal de Montaigu, nous a laissé quelques indications à ce sujet : « Il y avait en avant, à droite, près de cette porte (la porte de Notre-Dame) un bastion et plusieurs échauguettes, et, non loin d'elles, une église paroissiale connue sous le nom de Notre-Dame ou Sainte-Marie » [1]. Or, on peut déterminer assez exactement l'emplacement de la porte de Tiffauges, et c'est tout près de là, dans l'enclos de Mlles Martineau, que des fouilles feraient découvrir assurément les fondations de l'église. Peut-être même y trouverait-on quelques-unes des pierres tombales qui en formaient le dallage.

Quant à la cure, sa place est plus difficile à assigner. Elle avait été construite à l'est de l'église, et près des douves, comme il résulte du passage suivant d'un arrentement consenti, en 1630, par René Chardonneau, curé de Notre-Dame, aux religieuses du couvent de Fontevrault : « Sçavoir est le jardin de la dite cure de Notre-Dame de Montaigu, scis près et joignant l'église de ladite cure de Notre-Dame de Montaigu, contenant trois boisselées ou environ à la mesure de Montaigu, tenant ledit jardin d'un costé à l'église, d'autre costé au jardin du seigneur de la Roche-Thévenin et des Brochards, et d'un bout aux logis desdits Brochards et des héritiers du feu Chedaneau, et d'autre bout aux murailles des douves de

[1] Ancienne description de Montaigu en Bas-Poitou, publiée dans les *Échos du Bocage Vendéen*, t. IV, n° 6.

ladite ville, estant le dit jardin tout en ruines, et *dans lequel estoit anciennement le logis de ladite cure.* » (1).

## II. — *Chapellenies*

Deux chapellenies furent fondées à l'église Notre-Dame : celle des *Testards* et celle des *Étaux* ou de la *Gîte.*

### 1° Chapellenie des Testards

Nous ne savons rien de ce qui la concerne avant l'époque de son transfert dans l'église Saint-Jean. On trouvera, p. 43, les renseignements que nous avons recueillis depuis cette époque.

### 2° Chapellenie des Étaux

Pouillé latin tiré du Livre rouge, XVIIIe siècle : « *Capellania in ecclesiâ Beatæ Mariæ, ad altare Beati Jacobi, fundata per Petrum Ferroni de Estabilis et Theofaniam, uxorem ejus, Guillelmum Guyrotelli et Johannem Cochardi, clericos ; præsentant heredes.* »

« Il existe, dans l'église de la Bienheureuse Marie, une chapellenie fondée à l'autel de St Jacques par Pierre Ferroni des Estaux et Théofanie, sa femme, Guillaume Guyrotelli et Jean Cochardi, clercs : leurs héritiers ont droit de présentation à ce bénéfice. »

Voir pour la suite, p. 44, cette chapellenie ayant été transférée, comme la précédente, dans l'église Saint-Jean-Baptiste.

(1) *Dossier Fontevrault*, aux Archives de Maine-et-Loire. La pièce dont nous donnons quelques lignes est en très mauvais état de conservation. Nous sommes heureux d'en avoir pu déchiffrer cette partie.

## III. — *Revenus de la Cure*

D'après la requête des habitants à l'évêque de Luçon que nous avons reproduite (p. 137), le revenu n'aurait été que de « six vingt livres. » La disparition de la paroisse remontant loin de nous, nous n'avons trouvé qu'un acte où un revenu de 5 sols lui est assigné sur le tènement du Rorthais (V. fondations dans l'église St Jean, p. 112), et que la mention d'une rente de 7 sols et 6 deniers, dûe sur le tènement de la Gouraudière, rente qui fut transférée à la cure de St Jean (V. p. 108). Le curé avait aussi le revenu de son canonicat à Saint-Maurice.

« On prétend, dit Bellouard de Jémonville, que cette cure de Notre Dame avait de grands revenus, qui se sont perdus lorsque la religion réformée s'introduisit en la ville. » [1].

## IV. — *Liste des Curés*

L'abbé de Saint-Jouin de Marne était le patron présentateur : il devait huit sols pour le luminaire de l'église.

15... — Barthélémy Orceau.

1534. — Charles de Mazalon.

« Le cinq juin 1534, se présenta devant nous, Messire Maurice Favereau, prêtre, vicaire de l'église Sainte-Marie de Montaigu.

[1] *Loco citato.*

« Noms des prêtres : Messire Charles de Mazalon, recteur, absent; Messire Maurice Favereau, l'aîné, et Messire Maurice Favereau, le jeune, vicaires.

« L'administrateur actuel de la fabrique est Mathurin Perreau, auquel on enjoignit de faire réparer le vitrail de la chapelle de la Bienheureuse Marie-Magdeleine.

« Son prédécesseur, Thomas Alemant, qui doit encore six livres tournois sur les comptes de son administration, sera cité devant nous. Toutefois, Messire Barthélemy Orceau ayant déclaré qu'il en avait été payé une somme de soixante sols, du temps qu'il était recteur de cette paroisse, nous avons informé le dit Alemant, présent, qu'il devrait finir de s'acquitter envers l'administrateur actuel, avant la fête de la Toussaint prochaine.

« Pierre Duhé, antérieurement administrateur de la fabrique, doit six livres tournois, du temps de sa charge. » (1).

1563. — Nycollas.

Nous avons trouvé ce nom dans une instruction faite, à la requête de Mgr de la Trémoille, au sujet d'exactions exercées à Montaigu (2).

Vers 1600 à 1627. — René Chardonneau.

René Chardonneau vivait encore en 1630, date de l'arrentement qu'il consentit aux religieuses, et que nous avons rappelé tout à l'heure ; mais, depuis le 15 juin 1627, sa cure était réunie à celle de Saint-Jean-Baptiste. Il fut donc le dernier curé de la paroisse de Notre-Dame.

(1) Procès-verbal de la visite de l'archidiacre Marchant.

(2) *Échos du Bocage Vendéen*, t. III, n° 6, p. 357.

# CHAPITRE III

## *I. — Paroisse, Église, Cure et Cimetière de Saint-Jacques de Montaigu*

1° *Paroisse.* — La paroisse de Saint-Jacques, la plus ancienne comme nous l'avons dit, était moins peuplée et moins étendue que ne l'est le faubourg qui porte actuellement ce nom. Avant la Révolution, en effet, la Caillauderie, et le lieu dénommé la Crépelière, relevaient au spirituel de la paroisse de la Guyonnière.

La paroisse de Saint-Jacques ne comprenait, en réalité, que quelques maisons groupées autour de l'aumônerie. Séparés du château, qui dépendait de la même paroisse, par un ruisseau que l'ingéniosité de la défense avait transformé en un étang permanent, ses habitants se trouvaient à la merci des assiégeants, et obligés de se réfugier dans le château à la première alerte. Une sécurité aussi précaire ne maintenait sur ce point qu'une faible population composée de modestes artisans.

2° *Église.* — L'église de Saint-Jacques avait été construite dans l'emplacement du cimetière actuel de Montaigu : c'était, par ses dimensions, une chapelle plutôt qu'une véritable église [1]. Elle occupait l'espace compris entre le terrain qui est devenu le lieu de sépulture de la famille Brethé, et celui de la famille Muneret ; et, lors des fouilles que nécessitent de nouvelles inhumations, on rencontre encore des murs de fondations anciennes, qui durent

[1] Au cadastre, sa contenance est de 2 ares 16 centiares.

servir de base aux constructions établies postérieurement. On nous a assuré, en effet, que l'on y trouvait des fragments de tuiles à rebords, ce qui serait la caractéristique de l'existence, sur place, d'un vieux monument dont on aurait utilisé les matériaux.

Malheureusement, nous ne l'avons pas constaté nous-même. Faisons remarquer, cependant, que les tuiles à rebords, dites tuiles plates — elles sont ici d'usage et de fabrication récents —, donnent une idée assez exacte de la forme qu'affectent les tuiles gallo-romaines, et que, par conséquent, la reconnaissance de semblables objets dans des fondations qui n'ont pas été remaniées depuis des siècles, permet d'ajouter foi au dire de ceux qui les ont remarqués [1].

Ces débris prouveraient l'antériorité de Saint-Jacques sur Montaigu proprement dit, où rien de pareil n'a jamais été rencontré.

L'exercice du culte fut continué, jusqu'aux derniers jours de mars 1792, dans l'église de Saint-Jacques, comme dans celle de Saint-Nicolas, qui furent fermées, pour le dimanche des Rameaux, 1er avril, en vertu d'un arrêté du directoire du département de la Vendée. Réouvertes un an après, lorsque Montaigu tomba au pouvoir des Vendéens (13 mars 1793), elles ne tardèrent pas à être incendiées, comme la plupart des constructions voisines : l'arcade ogivale de la grande porte de l'église Saint-Jacques, ombragée et soutenue par les frondaisons d'un lierre vigoureux, fut longtemps la seule partie restée debout. Ces ruines et ces décombres ne furent enlevés qu'après le 3 mai 1837, à la suite d'une délibération du

[1] Nous possédons quelques pièces d'or de Charles VII et de Louis XI, recueillies dans l'espace même qu'occupait l'église, et contemporaines sans doute des sépultures de ces époques.

conseil municipal, afin d'utiliser leur emplacement pour des inhumations.

Rien n'en subsiste plus aujourd'hui.

3° *Cure.* — La maison curiale de Saint-Jacques fut longtemps la demeure du curé et du prieur de Saint-Jacques, mais nous ignorons où elle était située ([1]). La cure, placée sous le patronage du doyen de Montaigu, comme nous l'avons déjà fait remarquer, rapportait de 300 à 400 livres, et comptait 200 communiants au XVIIIe siècle. Le titulaire était, de droit, chanoine honoraire de la collégiale de Saint-Maurice.

4° *Cimetière.* — Nous avons dit que le cimetière de Saint-Jacques agrandi devint, en 1790, le cimetière de la paroisse de Saint-Jean-Baptiste : c'est aujourd'hui encore l'unique cimetière de Montaigu.

## *II. — Chapellenies desservies dans l'église Saint-Jacques*

Deux chapellenies avaient été fondées dans l'église de Saint-Jacques : l'une, de Sainte-Catherine-d'Asson, *alias* de Pélouailles ; l'autre, de Sainte-Marie-Magdeleine ([2]).

### 1° Chapellenie de Sainte-Catherine-d'Asson, *alias* de Pélouailles

« Dans les titres du fief de *Pélouaille*, paroisse de

([1]) Elle devait être bâtie non loin de l'église, peut-être dans le pré dénommé le Pré de la Cure et sis à l'est du cimetière.

([2]) *Le Pouillé extrait du Grand-Gauthier*, du commencement du XIVe siècle, cite une chapellenie d'Engeberge, dans la paroisse de Saint-Jacques de Montaigu, dont le doyen de Montaigu est le patron. Cette chapellenie est aussi mentionnée dans *le Pouillé latin tiré du Livre rouge* (XVIIIe siècle). Nous n'en savons rien autre chose.

« Saint-Christophe-du-Bois, près Mortagne, on voit le « testament de Jehanne Voyer d'Asson (ce lieu d'Asson « appartient aujourd'hui à Messire Baudry d'Asson-lez-« Montaigu) et dame dudit Pélouaille, du 20 juillet 1406, « par lequel elle demande 200 messes le jour de son « enterrement, 200 le jour de Seme (apparemment service « de huitaine), et autant au bout de l'an, qui y est dit le « jour de l'*Annuau*. Il a dû être difficile de rassembler « pour cela assez de prêtres chaque fois, du moins le « jour de l'enterrement. Elle veut que celles qui seront « *chantées en silence*, soient payées deux sous six deniers ; « et celles qui seront *chantées à notes*, trois sous quatre « deniers ; que chaque pauvre qui assistera à ces services « ait cinq deniers. Elle donne à la Fabrique, pour être « enterrée dans l'église et être participante aux prières, « deux sous de rente. Elle avoit ci-devant fondé une « chapelle sous l'invocation de Ste *Catherine*, desservie « en l'église de St Jacques de Montaigu, pour la dotation « de laquelle elle avoit donné douze livres en argent ; et, « par ce même testament, elle donne, en assiette de ladite « rente, quinze septiers de seigle, mesure de Mortagne, « et quatre livres, huit sols, six deniers de rente an-« nuelle. » [1].

*Procès-verbal de la visite de l'archidiacre Marchant*, du 5 juin 1534 : « Il existe, dans l'église de St Jacques, une chapellenie qui est à la présentation du seigneur d'Asson, fondée par les seigneurs dudit lieu d'Asson, dont Messire Jean de Billot est titulaire, et que desservent Lucas Filleteau (recteur de la paroisse) et Pierre Audrain. »

[1] Lettre de M. Moigas, dans les *Affiches du Poitou*, du jeudi 8 février 1781.

## Bénéficiers ou titulaires

1534. — Jean DE BILLOT.

Entre 1728 et 1731. — Jean-Louis JAHAN.

*Huitième Registre des Insinuations ecclésiastiques*, de l'évêque Michel-Celse-Roger Rabutin de Bussy, du 4 février 1728 au 29 décembre 1731 :

N° 490. — Visa et procuration de la chapelle Sainte-Catherine, à Saint-Jacques de Montaigu, pour M. Jean-Louis Jahan.

Entre 1736 et 1741. — Jacques-Auguste BONAMY DE BELLEFONTAINE.

*Dixième Registre*, id., de Rabutin de Bussy et de Samuel-Guillaume de Verthamon de Chavagnac :

N° 375. — Résignation, signature et visa de la chapelle de Sainte-Catherine, à Saint-Jacques de Montaigu, pour M. Jacques-Auguste Bonamy de Bellefontaine.

N° 375. — Prise de possession, pour le même.

N° 387. — Signature de cour de Rome, pour le même.

... — François-Joseph BONNIN (1).

D'après les termes d'une transaction en date du 19 avril 1808, les seigneurs d'Asson devaient à la chapelle de Sainte-Catherine une rente de 102 boisseaux de seigle. Cette rente, qui n'avait pas été payée depuis longtemps, étant venue en la possession de l'hôpital de Montaigu par suite des dispositions de la loi du 9 ventôse an IX

(1) D'après une note de M. Dugast-Matifeux, il était aussi titulaire du bénéfice de la chapelle de Saint-Jean des Giraudineau, en Saint-Gervais, bénéfice qu'il affermait 40 livres, en 1762 (minute de Me Taconet, notaire à Saint-Gervais). — En même temps il était chanoine de la collégiale de Saint-Maurice de Montaigu.

(28 février 1801), les administrateurs de l'hôpital la réclamèrent à Charles-Antoine-René Baudry-d'Asson, de Puyraveau, demeurant à la Pinsonnière, en la commune de la Boissière-de-Montaigu.

C'est alors qu'intervint la transaction dont nous venons de parler : « Ledit sieur Baudry d'Asson se reconnoit débiteur envers ledit hospice de Montaigu, comme il l'étoit envers le bénéfice précité (de Ste Catherine), de la rente de cent deux boisseaux seigle, échéant à la my-aoust de chaque année, susceptible de la retenue légale, et réquérable au lieu de Puyraveau : en conséquence il s'oblige et s'atourne par la présente de la servir et payer de terme en terme audit hospice, jusqu'à franchissement, et tant qu'elle sera exigible, icelle rente refferée dans une sentence de la cy-devant baronnie de Montaigu en date du 5 juin 1599, laquelle a été vidimée par Douillard et son confrère, notaires à Tiffauges, le 8 février 1776, ledit vidimé controllé aud. Tiffauges le 11 dudit, par Rigaudeau qui a reçu les droits ;

« Le sieur Baudry s'engage à payer les arrérages, réduits à l'amiable et appréciés à la somme de neuf cents livres tournois ; à payer les frais du procès montant à trente livres tournois, et à hipotèquer cette rente sur Puyraveau.

« Fait et passé à St Jacques de Montaigu, étude et au rapport de Me Thibaud, notaire, cejourdhuy dix neuf avril mil huit cent huit.

« Baudry d'Asson de Puiraveau. Auvynet fils ainé.

Trastour, Jeune. Trastour, Aîné. Lhomme, Notaire.

Thibaud, Nre pour registre [1]. »

[1] Minutes Thibaud : étude de Me Duchasténier.

## 2° Chapellenie de Sainte-Marie-Magdelaine

Il n'en est pas fait mention dans la visite de l'archidiacre Marchant, en 1534. Dans *le Pouillé* du XVIII^e siècle, *extrait de Dom Fonteneau*, elle est citée comme étant à la présentation de l'évêque. Elle rapportait au desservant de 60 à 75 livres de revenu, à charge d'une messe (1).

### Bénéficiers

1521. — Mathurin BRETONNEAU.

Entre 1704 et 1709. — BILLOT.

*Troisième Registre des Insinuations ecclésiastiques* de 1704 à 1709, sous l'épiscopat de Jean-François de Lescure :

N° 155. — Présentation de la chapelle de la Madeleine à Saint-Jacques de Montaigu, pour M. Billot.

Entre 1724 et 1728. — Jean-François SORIN.

*Septième Registre*, id., du 2 mars 1724 au 3 février 1728, sous l'épiscopat de Michel-Celse-Roger Rabutin de Bussy :

N° 504. — Signature et visa de la chapelle de la Magdeleine à Saint-Jacques de Montaigu, pour Jean-François Sorin.

Entre 1736 et 1741. — Pierre-Paul SAVIN.

(1) De la chapelle de la Magdeleine dépendait un fief de vigne du même nom, sur lequel il était dû au commandeur de Launay et de Sainte-Croix de Montaigu, le jour des vendanges, « deux sommes de vendenge les premières prinses ». En 1526, Mathurin Bretonneau, bénéficier, ne les ayant pas acquittées depuis cinq ans, fut poursuivi et obligé de les reconnaître par acte du 6 octobre 1526, signé Burluet et Beraudon, notaires. — (*Archives de la Vienne*, H3, 855).

*Dixième Registre*, id., du 30 mai 1736 au 28 novembre 1741, sous les épiscopats de Rabutin de Bussy et de Samuel-Guillaume de Verthamon de Chavagnac :

N° 388. — Résignation de la chapelle de la Magdeleine desservie à Saint-Jacques de Montaigu, pour M. Pierre-Paul Savin.

N° 439. — Résignation, signature, visa et prise de possession, pour le même.

Entre 1734 et 1741. — François DE LA VERGNE.

*Dixième Registre*, id.

N° 449. — Visa de la chapelle de Sainte-Marie-Magdeleine à Montaigu, pour M. de la Vergne.

En 1789. — Jean-Jacques JAGUENEAU.

## *III. — Extraits des Registres de la paroisse Saint-Jacques*

1740, 5 mars. — Le cinquième mars mil sept cent quarante, est décédé dans son château de Montaigu, de cette paroisse, après avoir reçu les sacrements de pénitence, de l'eucharistie et de l'extrême onction que je lui ai administrés, haut et puissant seigneur Messire Armand-Gabriel, chef du nom et armes de Crux, chevalier, seigneur marquis de Crux, Montaigu, Vieillevigne, le lac de Grand-Lieu et autres lieux ; et son corps a été inhumé, le septième mars susdit, dans le chœur de l'église collégialle de St Maurice dudit Montaigu, par Messire François de Hillerin, doyen du chapitre, à qui Messire Pierre Douteau, curé de St Jean de Montaigu, l'a remis à la grande porte de l'enceein du chapitre et église collégialle, après que je l'ay eu remis entre ses mains à l'entrée de sa paroisse et sortie du château ; en présence d'une infinité de personnes et notammeht Jean Chiron, Joseph Benêteau, qui ont déclaré ne sçavoir signer, ce même jour et an que dessus (1).

Blanc, curé de St Jacques,
Chanoine de Montaigu.

1740, 7 aoust. — Le sept aoust mil sept cent quarante, a été inhumé, au milieu du cœur de l'église de cette paroisse, le corps de vénérable et discret Joseph Le Blanc, chanoine de l'église collégialle de St Maurice de Montaigu et curé de cette paroisse, âgé de soixante dix neuf ans, dont Messire Jean-Baptiste Blanchard a fait la cérémonie à la réquisition du chapitre ; en présence de vénérable Douteau, curé de St Jean, et de Messire Jean Audureau, curé de St Georges.

Audureau,
Curé de St Georges.

J. B. Blanchard,
Curé de Trestiers.

P. Douteau,
Curé de St Jean de Montaigu.

1752, 11 novembre. — L'onzième de novembre mil sept cent cinquante deux, a été enterré, en cette église, le corps de haut et puissant Hardouin-René, conte de Crux, âgé d'environ cinquante cinq ans, décédé hier au château de Montaigu en cette paroisse, après avoir reçu les sacrements d'eucharistie et d'extrême onction ; ont assistés à sa sépulture Messieurs Duchaffault de la Sénardière, Duchaffault, capitaine de marine au département de Rochefort (2), Du Tréhant (3), de la Lande (4), et autres ;

(1) Cet acte est intéressant à rapprocher de celui de la paroisse Saint-Jean, à la date du 7 mars 1740. (V. p. 71.)

(2) Séraphin Duchaffault, marié à Marie-Agnès Badereau.

(3) Claude-Augustin du Tréhant, chevalier, seigneur du Tréhant, du Halay et de la Papinière, marié à Marie-Jeanne de Gatinayre.

(4) Jacques-Honoré Buor, chevalier, seigneur de la Négrie, la Lande, etc., etc., qui épousa le 15 février 1746, à Saint-Jean de Montaigu, Charlotte-Augustine Badereau.

de Jullien Brochard, sacristain de cette église, et de Louis Bernard, les deux de cette paroisse qui ont declaré ne savoir signer.

P. Douteau, curé de St Jacques,
Chanoine de Montaigu.

1757, 4 may. — Le quatrième jour de may mil sept cent cinquante sept, a été inhumé, dans l'église collégialle de Montaigu, le corps de vénérable Louis Thomas, chantre, chanoine de la susdite église, âgé d'environ cinquante ans, décédé le jour précédent dans la participation des sacrements, de ce enquis.

Goupilleau, chanoine, curé de St Jacques.

1761, 16 septembre. — Le seize septembre mil sept cent soixante et un, a été inhumé, au cimetière de l'hôpital de ce lieu, le corps d'Anne Moineron, servante dans la maison, en conséquence de la permission que j'en ay donnée à Mlle Le Maignan, supérieure dudit hôpital, qui est venue à mon presbytère me la demander de la part de Mrs les Administrateurs, sans que ladite permission puisse tirer à conséquence pour l'advenir, et préjudicier au droit que j'ay d'inhumer au cimetière de ma paroisse les dlles et domestiques dudt hopital ; décédée hier, à l'aage d'environ cinquante quatre ou cinq ans, dans la participation des sacrements de l'église que je luy ay administrés quelques jours avant son décez. L'enterrement a été fait par V. Bourasseau, en la présence de plusieurs personnes qui n'ont signez, et dans la mienne qui ay signé. — A St Jacques, le même jour, mois et an que de l'autre part.

Roy, curé de St Jacques de Montaigu.

1761, 17 novembre. — L'an mil sept cent soixante et un, le dix septième jour du mois de novembre, a été inhumé, au cimetière de l'hôpital, le corps de demoiselle Pétronille Martineau, dame de la Bertière et Chevrotière, ayant son domicille audit lieu de la Chevrotière, paroisse de Vieillevigne, diocèse de Nantes, décédée d'avant hier, aagée d'environ cinquante ans, dans la ditte maison de l'hôpital, après avoir receu les sacremens de l'église. Je, prestre soussigné, ay, le même jour, mois et an que dessus, fait la levée du corps avec les cérémonies et prières ordinaires, après quoy le chapitre a finis la cérémonie de la sépulture, en ma présence et de celle de plusieurs personnes qui n'ont sçeus signer.

Roy, curé de St Jacques de Montaigu.

1762, 25 mars. — Le même jour que dessus (25 mars), a été inhumé, dans l'église de ce lieu, le corps de Messire Martin Boëtard, prestre, curé de St Léonard de Nantes, décédé d'hier au château de Montaigu, de ma paroisse, aagé de soixante quinze ans. Ont été présents Etienne Egrand et Julien Brochard qui n'ont sçeus signer [1].

Roy, curé de St Jacques de Montaigu.

1763, 29 avril. — Le vingt neuf avril mil sept cent soixante trois, a été faite la bénédiction d'un tabernacle neuf, et d'un tableau de la Transfiguration de N. S. J. Christ au dessus, par Monsieur le doyen de la collégiale de Montaigu [2], dont l'acquest vient d'être fait depuis peu par les habitans et moy, au profit de l'église, de Monsieur Le Doux sculpteur et doreur à Nantes.

Roy, curé de St Jacques.

[1] Ce Boëtard, ou Boytard, avait été exilé comme janséniste aux Sables-d'Olonne.

D'après un acte de Me Sorin, notaire à Montaigu, la vente « des meubles et effets dépendants de la succession vacante et abandonnée » du curé Boëtard, ou plutôt Boytard, ordonnée par sentence du sénéchal de Montaigu, en date du 2 mai 1764, produisit 988 livres, 8 sols et 3 deniers.

[2] René-Aimé Moreau.

1766, 20 décembre. — Le vingt décembre mil sept cent soixante six, a été inhumé par moy, soubsigné, au cimetière de l'hôpital de ce lieu, le corps de demoiselle Marie-Anne Le Magnan ([1]) supérieure dudit hôpital, décédée audit lieu le dix huit dudit mois, à l'aage d'environ soixante deux ans, munie des sacrements de l'église ; en présence de Messieurs Joussemet et Savin, chanoines de la collégiale de Montaigu, qui auront signé au registre de l'hôpital.

Roy, curé de St Jacques.

1769, 8 octobre. — Le huit octobre mil sept cent soixante neuf, le corps de dem[lle] Marie Pothier, sœur hospitalière, décédée d'hier à l'hôpital en cette paroisse, âgée de cinquante quatre ans, a été inhumé au cimetière dudit hôpital, avec ma permission, par M[r] l'abbé de la Roche St André ([2]), en présence de M[rs] le doyen ([3]) et Bourasseau, chanoine, qui ont signé au registre de l'hôpital.

Roy, curé de St Jacques.

1770, 12 mars. — Le douze mars mil sept cent soixante dix, j'ai inhumé, au cimetière de ce lieu, le corps de noble homme Jean Brisson, lieutenant-prévôt de maréchaussée, écuyer, conseiller du roy, décédé le dix du présent mois dans cette paroisse, âgé de soixante huit ans ([4]).

Jagueneau, prêtre sacriste.
Roy, curé de St Jacques.

([1]) Lisez : Le Maignant.

([2]) Louis-Joachim de la Roche-Saint-André, fils de Louis-Gilles, et de Charlotte de Saint-Légier de la Sausais, né en 1706, vicaire général de l'évêché de Dax, mourut sur l'échafaud, à Nantes, le 20 décembre 1793, âgé de 88 ans.

([3]) René-Aimé Moreau.

([4]) Quelques mois auparavant, se sentant près de sa fin, Me Jean Brisson avait traité de sa charge de lieutenant-prévôt de la maréchaussée générale du Poitou au département de Montaigu, fonc-

1772, 30 septembre. — Le trente septembre mil sept cent douze, honorable homme Jean Bréchemin, natif de Noyers, évêché de Langres, fils de Pierre Brechemin et Jeanne Perraud, est décédé d'hier au château de Montaigu en cette paroisse, âgé d'environ quatre vingts deux ans, après avoir receu les sacrements en son lit de mort par nous recteur dudit lieu, soussigné ; j'ai fait l'enlève du corps audit château de Montaigu, sur les quatre heures de l'après midy ; lequel, rendu en l'église paroissiale de St Jacques, après que j'ai chanté l'office des morts, dit les autres prières et fait les cérémonies accoutumées suivant le rituel de ce diocèse, a été inhumé au cimetière de cette paroisse en présence de Jean Brechemin, son frère, intendant de Monsieur le marquis de Juigny [1], seigneur de Montaigu, et de Jean-Victor Goupilleau licentier en droit, et de Etienne Sorin notaire et procureur de la juridiction de Montaigu, qui tous signent avec nous, de ce requis.

SORIN. BRECHEMIN. GOUPILLEAU.

MARION, chanoine,
Curé de St Jacques de Montaigu.

1773, 5 may. — Le cinquième jour de may mil sept cent soixante treize, a été inhumé, dans le cimetière de

tions que les Brisson y exerçaient de père en fils, avec un certain Revoux de Ronchamps, ancien officier de dragons se qualifiant d'écuyer, moyennant la rente annuelle de 600 livres payable à Fontenay, et remboursable au capital de 15,000 livres par un seul paiement en espèces sonnantes et non en billets. (Minutes Sorin, du 24 février 1770.)

Jean Brisson, né à Fontenay-le-Comte le 25 janvier 1702, appartenait à l'ancienne famille des Brisson. Il avait été reçu lieutenant-prévôt le 12 juin 1731, au lieu et place de David Brisson, son père, qui avait été inhumé à l'Orbrie, près Fontenay, le 2 février 1731.

[1] Lisez : de Juigné.

cette paroisse, le corps de demoiselle Marie-Magdeleine-Thérèse Bellouard de Beaumont, sœur hospitalière, fille de honorable homme Frédéric Bellouard, sénéchal de Montaigu, et de défunte Gabrielle Dugast, décédée d'hier à l'hôpital, âgée de trente sept ans ; en présence : de Messire Pierre Potel, curé de la ville de Montaigu ; de Maistre André-Joseph Gourraud, notaire royal et procureur ; de Maistre Ardouin-Aimé Thiériot.

MARION, chanoine,
Curé de St Jacques.

1779, 5 octobre. — Le cinq d'octobre mil sept cent soixante dix neuf, et décédé d'hier en cette paroisse, Messire Pierre Roy, ancien curé de St Jacques, chanoine de la collégiale de St Maurice de Montaigu, après avoir reçu les sacrements de l'église, agé d'environ soixante quatre ans, a été inhumé dans le cimetière de cette paroisse, en présence de Messire Charles-François Goupilleau, chantre, chanoine de St Maurice, et de Messire Jean Remaud, vicaire de St Georges, soussignés avec nous.

REMAUD. GOUPILLEAU, Chantre, chanoine. MARION, Curé de St Jacques.

1781, 5 juillet. — Le cinquième jour de juillet mil sept cent quatre vingt un, a été inhumé, au cimetière de cette paroisse, le corps de honorable homme Jean Brechemin, intendant de Monsieur le marquis de Juigné, seigneur de Montaigu et autres lieux, ledit sieur Jean Bréchemin décédé le jour d'hier au château de Montaigu, de cette paroisse de St Jacques, après avoir reçu par moi les sacrements de l'Eglise ; la sépulture faite par le susdit recteur avec les prières et cérémonies accoutumées et ordonnées par le rituel de ce diocèse, en présence : de Maitre Jean Davy, intendant de Mr le marquis de Juigné ;

Maître Jean-Victor Goupilleau procureur-fiscal de Montaigu, soussignés avec nous de ce requis.

DAVY. GOUPILLEAU.

MARION,
Curé de St Jacques, chanoine de Montaigu.

1786, 14 octobre. — Le quatorzième jour d'octobre mil sept cent quatre vingt six, a été inhumé, au cimetière de cette paroisse, le corps d'honorable homme Jean-Pierre-François Davy, greffier du Boisruaud, procureur-fiscal du lac de Grand-Lieu, intendant de M. le marquis de Juigné à son château de Montaigu, époux de demoiselle Jeanne Béziau, et décédé au susdit château de Montaigu, de la paroisse de St Jacques, après avoir reçu les sacrements de l'Eglise ; la sépulture faite en présence des sieurs Claude-Clément Sauvaget, régent du collège, beau-frère du défunt ; Victor Goupilleau, procureur-fiscal de Montaigu ; François Sauvaget sous-chantre, et autres soussignés avec nous, de ce requis.

GOUPILLEAU. SAUVAGET. SAUVAGET,
Sous-chantre, chanoine.

1790, 29 mai. — Le vingt neuf du mois de mai mil sept cent quatre vingt dix, a été par nous, recteur soussigné de cette paroisse, inhumé au cimetière de l'hôpital, le corps de demoiselle Renée-Catherine Thoumazeau, fille supérieure dudit hôpital, âgée d'environ soixante onze ans, décédée dhier après avoir reçu les sacrements de l'église catholique, apostolique et romaine ; ont été présents à la sépulture : Mre André-Joseph Gourraud, notaire royal et procureur ; MM[lles] Prudence Poitevin de la Morinière, Renée Bouchereau et Perrine Guérin, ces trois dernières sœurs audit hôpital, soussignées avec nous [1].

Prudence Poitevin, sœur hospitalière.

Perrine Guérin, sœur ospitalière *(sic)*.

Bouchereau, sœur ospitalière *(sic)*.

Gourraud.

Marion,
Curé de St Jacques de Montaigu.

## *Revenus de la Cure de Saint-Jacques*

*Le Pouillé* du XVIIIe siècle, *extrait de Dom Fonteneau*, évalue le revenu de la cure de Saint-Jacques, à 300 ou 400 livres pour le doyen de Montaigu, patron présentateur.

A cette retenue près, le curé possédait :

1° La rente foncière d'un boisseau de froment, due sur le tènement des Pionières, en la paroisse de la Guyonnière, reconnue par acte du 8 octobre 1740 au rapport de Me Gautreau ; puis par acte du 1er février 1788 au rapport de Me Thibaud.

Cette rente, devenue la propriété de l'hospice de Montaigu, fut encore reconnue le 22 septembre 1810, par acte au rapport de Me Thibaud [2].

2° La rente foncière de trois livres et quinze sols tournois, due chaque année à raison d'une maison, sise au faubourg de St Jacques, et mentionnée : 1° dans l'acte de bail de cette maison, en date du 16 janvier 1649, au

[1] La pierre tombale de Catherine Thoumazeau, sert de dallage dans la grande salle des malades de l'hôpital.

[2] Minutes Thibaud : étude de Me Duchasténier.

rapport de Musset et Duvau, notaires [1] ; et, 2° dans un acte de Me Thibaud, en date du 29 septembre 1810 [2]. Elle était devenue alors la propriété de Montaigu.

3° La rente de trois livres ci-après spécifiée.

Mathurin Soullard, maçon, demeurant à Saint-Jean de Bouguenay, devait à la cure de Saint-Jacques « trois livres de rente ou légat fondé par les Barraud ou leurs auteurs », suivant un acte d'acquisition passé, le 3 mai 1730, devant Me Duvau, notaire du marquisat de Montaigu. Le 30 décembre 1733, le sieur Soulard amortit cette rente entre les mains de Joseph Le Blanc, curé de Saint-Jacques, auquel il remit la somme de quatre-vingts livres, « à la charge audit curé de St Jacques de payer à l'avenir, quitte du passé, les cens et devoirs s'y aucuns sont, et d'en faire les sertes et obéissances à la commanderie de Launay, au fief du Croisy, dont les dites choses relèvent rosturièrement. » [3].

4° La rente de cinq livres, reconnue par acte du 13 janvier 1739, passé devant Bouron et Duvau, notaires [4].

5° « La rente foncière, annuelle et perpétuelle de deux livres, en chacun terme du vingt-deux juillet, due à la cure de St Jacques pour léguat d'une messe chantée, faitte à la ditte cure par Magdeleine Bourgeois, première femme de Maistre Charles Thibaud, marchand bourrelier, ainsi qu'il est porté et reconnus par l'acte de vente, qu'a fait ledit Thibaud, d'une maison composée d'une chambre

[1] Archives de l'hôpital de Montaigu, liasse B 13.

[2] Minutes Thibaud : étude de Me Duchasténier.

[3] Minute Gautreau, dont la copie se trouve aux archives de l'hôpital, liasse B 13.

[4] Minute Bouron : étude de Me Charuel, de Chavagnes-en-Paillers.

basse et une haute, et ruages en dépendant, située au bourg dudit St Jacques, avec autres domaines énoncés audit acte, à dame Jeanne Allard, fille majeure, en datte du vingt-neuf décembre mil sept cent trente-trois, passé devant Gautreau et son confrère notaires du marquisat de Montaigu... laquelle dite rente de deux livres la dame Marie-Thérèse Bouffard reconnait être due (à Messire Pierre-Hubert Marion, curé de St Jacques, à cause de sa cure) sur la ditte maison mentionnée au contract cy-dessus datté, et promet icelle payer, servir et continuer en sa ditte quallité (de supérieure des dames de la communauté de la Propagation et petites écolles des filles de la ville de Montaigu), d'année en année et de terme en terme, tant et sy longtemps que laditte maison sur laquelle est deu la ditte rente de deux livres sera et appartiendra à laditte communauté de la Propagation... » (1).

6° La ferme d'un pré « appelé le pré de la cure de St Jacques, et en dépendant, situé près le Pont neuf et en la paroisse de Boufféré, confrontant des deux costés aux prés du doyenné du chapitre de Montaigu, d'un bout au chemin conduisant à Château Gaillard, et d'autre bout à la rivière de Maine ». Cette ferme fut consentie le 27 octobre 1778, suivant acte passé devant Me Sorin, par Messire Pierre-Hubert Marion, curé de la paroisse de St Jacques, et moyennant la somme annuelle de cinquante livres, au terme de la feste de la Chandeleure, à Messire Augustin de Chabot, chevalier, seigneur de Coulandre, chevalier de l'ordre royal et militaire de St Louis, ancien capitaine de dragons au régiment Dauphin, demeurant en cette ville de Montaigu, paroisse de St Jean (2).

7° La ferme du pré de la Barre, en la paroisse de

(1) Minute Gourraud, du 28 novembre 1779 : étude de Me Charuel.

(2) Minute Sorin : étude de Me Duchasténier.

Boufféré, pré qui, par adjudication devant le directoire de district de Montaigu en date du 4 février 1791, fut vendu à Jean Filouzeau, vétérinaire à Montaigu, pour la somme de 2,000 livres, dont 1,500 furent payées en assignats.

8° Le produit d'un canonicat à la collégiale de Saint-Maurice de Montaigu.

9° Les grosses, vertes et menues dîmes sur les terres et jardins situés dans l'enclos de la paroisse. En 1739, François Pasquier, maître blanconnier, et Marie Chasselou, veuve de Jean Canteteau, refusèrent de payer leur part. Un procès fut engagé, mais ils ne tardèrent pas à s'exécuter, sur les conseils de Me Filleau, avocat du Roy à Poitiers (1).

## *IV. — Liste chronologique des Curés de la paroisse de Saint-Jacques*

Vers 1480. — Jean Tixier.

Nous ne pouvons affirmer qu'il occupa la cure de St Jacques. Toutefois, il fut présenté à l'évêque par Jean Bourré, gouverneur de Montaigu, qui se dit agir au nom et comme représentant du roi Louis XI, seigneur de Montaigu, lequel était patron présentateur (2).

(1) Archives de la Vienne, H8, 856.

(2) Nous avons dit, à plusieurs reprises, que la cure de Saint-Jacques était à la présentation du doyen de Montaigu, tandis que les autres cures de Montaigu l'étaient à celle de l'abbé de Saint-Jouin de Marne. (Ce dernier aurait même été le patron de la cure Saint-Jacques, d'après le *Pouillé d'Alliot*, mais ce *Pouillé* est sujet à caution).

Si donc Louis XI, et probablement Charles VIII, furent patrons de la cure de Saint-Jacques, ce ne pût être que pendant qu'ils étaient seigneurs de Montaigu. Etait-ce là un privilège royal ? Nous n'en tenons pas moins le fait pour certain, puisqu'il est affirmé par Gaignières dans les *Titres et Généalogie de la famille Bourré*.

1534. — Lucas Filleteau.

Il est cité comme recteur de la paroisse, dans le procès-verbal de la visite de l'archidiacre Marchant (5 juin 1534). Maurice Lebret, Pierre Audrain et Pierre Garciau sont indiqués comme vicaires.

Clair Bonnet était alors l'administrateur de la fabrique: Nicolas Chevalier, son prédécesseur en cette charge, s'engagea à payer les 54 sols et 7 deniers tournois, dont il était encore débiteur, avant la fête de l'Assomption (procès-verbal, id.).

1563. — Nouel Guerry (1).

1654. — A. Richard.

Nous le trouvons faisant un baptême à Saint-Jean de Montaigu, le 25 octobre 1654.

1656. — François Bourasseau.

1668-1681. — Philippe Morin.

Il fait un baptême à Saint-Jean de Montaigu, le 2 avril 1668.

1710-1740. — Joseph Le Blanc (2).

(1) V. *Échos du Bocage Vendéen*, t. III, p. 356.

(2) Il signait Blanc tout court: son véritable nom était Joseph Le Blanc-Dubos.

« Joseph Le Blanc ayant obtenu en Cour de Rome des provisions du Doyenné de l'église collégiale de Montaigu, elles furent déclarées abusives, par un Arrest du 10 juillet 1703, parce que Le Blanc avoit pris des Degrez en Droit, sans avoir étudié pendant le temps prescrit par les Ordonnances. Le Parlement, faisant droit sur les conclusions de Monsieur le Procureur général, déclara nulles les lettres de degrez qui avoient été données à Le Blanc, lui défendit de s'en servir, et à l'Université d'Angers d'accorder des degrez à ceux qui n'auront pas satisfait à tout ce que prescrivent les Arrests et les

En 1724, le vénérable doyen de Luçon, Charles-François Blanc-Dubos, rédacteur des conférences diocésaines, légua par testament à Messire Joseph Le Blanc, curé de Saint-Jacques de Montaigu, tout ce que ce dernier lui devait, ainsi que les livres qu'il lui avait prêtés, se recommandant en retour à ses prières (1).

Dans un acte du 5 novembre 1740, au rapport de Merlet et Gautreau, notaires de la ville et marquisat de Montaigu, comparait Messire Guillaume Salesse, prêtre, curé de Saint-Bauzire, évêché de Clermont en Auvergne, chargé de la procuration de damoiselle Barbe Le Blanc, sa mère, laquelle était héritière de Joseph Le Blanc, décédé *ab intestat*. Il vend alors, et pour elle, aux administrateurs de l'hôpital de Montaigu, certains domaines appartenant au défunt curé de Saint-Jacques.

(*Archives de l'hôpital*, liasse B 2).

Cette demoiselle Barbe Le Blanc était probablement la sœur du curé.

Joseph Le Blanc fut inhumé, le 7 août 1740, au milieu du chœur de l'église de sa paroisse. (V. p. 153.)

Sous le n° 470 du dixième registre des *Insinuations*

Règlements. » *Lois ecclésiastiques de France*, par Louis d'Héricourt, avocat en Parlement, Paris, 1781, p. 236.

D'après l'Édit de décembre 1606 : « Nul ne pourra, à l'avenir, être pourvu des dignitez des Églises Cathédrales, ni des premières dignitez des Collégiales, s'il n'est gradué en Faculté de Théologie ou Droit Canon, à peine de nullité des provisions. » — Cité par d'Héricourt, p. 236.

(1) Dans l'histoire du monastère et des Évêques de Luçon, par A.-D. de la Fontenelle de Vaudoré, on trouve pp. 720 et 721, tome II, un résumé du testament de Charles-François Blanc-Dubos, qui est à la date du 13 janvier 1724. Les libéralités à l'égard du curé de Saint-Jacques n'y sont pas consignées. Nous les indiquons d'après une note de M. Dugast-Matifeux, qui dit avoir la pièce originale. La fermeture momentanée de la Bibliothèque de Nantes ne nous permet pas de donner le texte authentique.

*ecclésiastiques* de l'évêque Pierre de Nivelle, et comprenant les actes du 30 mai 1736 au 28 novembre 1741, on lit : « Résignation de la cure de St Jacques de Montaigu pour M. Guillaume-Céleste de Vernières, du diocèse de Clermont. »

Cette résignation ne fut pas suivie d'effet, car, jusqu'à sa mort, Blanc signe les actes en se qualifiant *curé de Saint-Jacques*, et, immédiatement après lui, apparait le suivant comme son successeur.

1740, 1er novembre. — Mathurin DOUTEAU.

Mathurin Douteau, sacriste de l'église collégiale de Saint-Maurice dès 1738, continua ces fonctions au moins jusqu'en 1740.

Dès les premières années de son rectorat, il fut persécuté à cause de ses opinions jansénistes, et se crut dans l'obligation de présenter un sieur Gilbert pour lui succéder. Mais ce dernier ne fut pas agréé par l'autorité diocésaine, qui frappa Douteau d'une révocation (1).

M. Douteau se retira alors dans la paroisse de Chavagnes-en-Paillers, où il mourut le 17 janvier 1758. Sa dernière signature sur les registres de la paroisse Saint-Jacques est du 25 octobre 1756.

(1) Dixième registre des *Insinuations ecclésiastiques*, du 30 mai 1736 au 29 novembre 1741, n° 480 : « Visa et présentation de la cure de Saint-Jacques de Montaigu, pour M. Mathurin Douteau » ; n° 488 : « Prise de possession de la cure pour le même » ; — onzième registre, id., du 2 décembre 1741 au 1er septembre 1746, n° 261 : « Résignation en cour de Rome de la cure de Saint-Jacques de Montaigu pour M. Gilbert » ; — treizième registre, id., du 7 juillet 1753 au 20 février 1761, n° 274 : « Révocation de la présentation de la cure Saint-Jacques de Montaigu, et de la résignation pour M. Gilbert » ; — n° 276 : « Signification de la révocation de la cure de Saint-Jacques de Montaigu faite par M. Douteau à M. Gilbert » ; — n° 281 : « Démission de la cure de Saint-Jacques de Montaigu et d'un canonicat à Montaigu pour M. Douteau. »

L'acte de sépulture du curé Douteau est trop curieux pour que nous ne le reproduisions pas intégralement :

« Le dix-huit janvier 1758, a été inhumé dans l'Eglise de ce lieu, devant et proche l'autel de St Antoine, le corps de Messire Mathurin Douteau, ex-curé de St Jacques de Montaigu. Il étoit originaire de cette paroisse, et est décédé au village de la Drolinière, où il étoit venu au monde. La triste situation où son grand zèle pour le salut de son peuple, et ses travaux assidus pour secourir M[rs] ses voisins, curés de St Jean et autres, l'on réduit, ne lui a pas permis de se réconcilier extérieurement avec Dieu ; mais comme je ne pouvois doutter des mouvemens de son cœur, *ex fructibus eorum cognoscetis eos*, je lui ai donné une absolution générale, et lui ai administré le sacrement de l'extrême-onction. Il étoit âgé de cinquante-quatre ans et quelques mois ([1]). Ont assistés à sa sépulture : Mre Henry Douteau, son frère ; Mre François Coutaud, son beau-frère ; Mre Charles Bousseau des Filées, huissier-royal ; Mre Audureau, de la Rigaudière, ses parents ; Mre Pierre Gourraud, sieur de la Bonnelière, sénéchal de St Sulpice, son amy ; Messire Assailly de Géranson, curé des Brouzils, qui a fait la cérémonie des obsèques ; Révérend Père Tiburce, prêtre religieux capucin du couvent de Luçon.

GUYARD, curé de Chavagnes. »

*(Registres de la paroisse de Chavagnes-en-Paillers.)*

([1]) 23 mars 1704. — « Mathurin Douteau, fils de Mathurin et de Marie Coutaud, ses père et mère, du village de la Drolinière, a esté baptizé par moy, soussigné, le vingt-troisième mars mil sept cent-quatre.

« Parrain : Messire Pierre Douteau, diacre, soubsignant ; et marraine : Marie Douteau qui ne signe.

(V. p. 115.) Signé : P. DOUTEAU, diacre. »

Il n'y a peut-être pas lieu de s'étonner que le curé de Chavagnes ait accordé les honneurs de la sépulture ecclésiastique, et même de l'inhumation dans l'église, à ce prêtre qui n'avait pas voulu rétracter ses convictions jansénistes. Ne les partageait-il point lui aussi ? Nous serions tenté de le croire. Au reste, l'évêque de Luçon de cette époque, Mgr de Verthamon de Chavagnac, était janséniste lui-même, et, à la faveur des luttes quotidiennes qui s'élevaient entre lui et les chanoines de son chapitre de Luçon, les simples desservants pouvaient bien se permettre la tolérance dont nous avons ici une preuve manifeste.

1757. — Charles-François Goupilleau.

1re signature : 11 janvier 1757.

Dernière signature : 15 septembre 1757.

Il fut quelques mois seulement curé de Saint-Jacques, et donna sa démission pour devenir *chanoine-chantre* de la collégiale de Saint-Maurice : il signe, en cette qualité, sur les registres de la paroisse, les 10 et 20 novembre 1757.

Bien que parent du conventionnel Goupilleau de Montaigu, il fut assassiné, fin septembre 1793, dans un jardin qu'il possédait au faubourg de Saint-Nicolas, et son cadavre jeté dans le puits des Religieuses de Fontevrault, avec ceux de Bonnin, chantre, et de Feuvre, doyen de la collégiale. Le 13 mars précédent, Goupilleau avait sauvé la vie au père de M. Dugast-Matifeux, en le cachant derrière sa soutane, puis en le tenant quelques jours enfermé dans le grenier de la maison qu'il habitait (1). Cette généreuse conduite lui aurait bien mérité d'être épargné !

(1) C'est la maison Augereau, en contre-bas de la maison Gautret-Barthélémy. Pavageau du Fleuret y demeurait aussi.

1758. — Pierre Roy.

1re signature : 20 janvier 1758.

Dernière signature : 30 mai 1771.

Il se désista de sa cure pour devenir chanoine titulaire de Saint-Maurice, et mourut le 5 octobre 1779. Sa pierre tombale fut placée, plus tard, au haut de l'escalier extérieur qui desservait la tribune de l'église Saint-Jean-Baptiste.

1771. — Pierre-Hubert Marion.

1re signature : 10 mai 1771.

« Le vingt-quatre octobre 1734, a été baptisé Pierre-Hubert, nai ce jour au Pais de Vignard, fils de Mtre Louis Marion, greffier du marquisat de la Gallissonnière, et de demoiselle Catherine-Marguerite Hubert, son épouse ; a été parain : Mtre Pierre Giraud, sieur de la Bourdrye, greffier du Palets ; et maraine : demoiselle Marie Gourraud, qui signent.

Marie Gouraud. Giraud. Praud.

Marie Caillaud. Rouillard (1).

L. Marion. Marion. Guyard, vicaire (2). »

Le curé Marion avait donc 37 ans quand il prit possession de la cure de Montaigu.

Ayant refusé de prêter le serment, « il se retira dans les *Maines*, habita d'abord à la *Marquerie*, puis à *Boisse*, puis

(1) Rouillard était le procureur du marquisat de la Galissonnière.

(2) Registre de la paroisse de Monnières (Loire-Inférieure). — Louis Marion et Marguerite Hubert s'étaient mariés, à Monnières, le 12 janvier 1712.

enfin à la *Gerverie* (1), se rapprochant ainsi de plus en plus de la forêt de Grala qui fut toujours inabordable pour les Bleus, aussi bien que les *Maines*. Parmi ceux qui eurent la témérité de s'y aventurer, aucun, dit-on, n'en revint pour apprendre aux autres ce qu'il y avait vu.

« C'était dans cette contrée des *Maines*, couverte de bois épais, naturellement défendue par plusieurs cours d'eau, que la population de St Georges vivait cachée sous des abris de feuillage. A la *Gerverie*, il existe encore (1885) un hangar où M. Marion célébrait le saint sacrifice de la messe.

« Un vieillard, âgé de plus de quatre-vingts ans, Julien Moquet, dont le fils, père de famille, habite encore le village, m'a dit à moi-même la lui avoir servie bien souvent en ce lieu ; l'y avoir assisté bénissant des mariages, et jusqu'à sept dans le même jour. » (2).

M. Marion figure dans la liste des prêtres présents au synode du Poiré-sur-Vie, le 4 août 1795.

Quand les troubles de cette époque eurent pris fin, et dès qu'il pût en sécurité quitter sa retraite, Marion revint dans son ancienne paroisse de St Jacques, paroisse qui avait été supprimée, et c'est dans une grange de l'hôpital qu'il célébrait la messe. Le 10 germinal an VIII (31 mars 1800), il y maria Mr Jacques Blanchard, d'Antiers, près Gugand, avec Mlle Modeste-Virginie Gourraud, dont le père Charles Gourraud, ancien notaire et fermier du prieuré conventuel de St Georges, habitait, à Montaigu, la maison Bellouard de Jémonville.

(1) Marquerie, Boisse, Gerverie, villages de la commune de Saint-Georges-de-Montaigu.

(2) Manuscrit de M. Pierre Remaud, curé de Saint-Georges de Montaigu. (*Chroniques paroissiales du diocèse de Luçon*, t. II, pp. 689 et 690.)

M. Marion mourut dans le premier tiers de ce siècle, et très âgé. Mais malgré d'actives recherches nous n'avons pu déterminer la date et le lieu de sa mort.

## CHAPITRE IV

---

### *I. — Paroisse, Eglise, Cimetière et Cure de Saint-Nicolas* .

1° *Paroisse.* — La paroisse de Saint-Nicolas, située à l'ouest de celle de Saint-Jean de Montaigu dont elle était séparée par la rivière *la Maine*, n'étendait son autorité spirituelle que sur un petit groupe de maisons élevées à l'ombre de son église ; ainsi, la partie actuelle du faubourg Saint-Nicolas connue sous le nom de *Gaudine*, faisait partie de la paroisse de Boufféré. Sa population se composait de modestes artisans, au milieu desquels avaient vécu les possesseurs du petit fief dénommé le Haut-Bois, dont le manoir était depuis longtemps ruiné lors de la Révolution de 1789 ([1]).

2° *Eglise.* — L'église de Saint-Nicolas, dont il ne reste plus trace, avait été construite presque à l'entrée du faubourg de ce nom. Elle occupait l'emplacement compris entre le chemin de la Chabosserie, autrement dit du

([1]) Le fief du Haut-Bois, qui relevait de la baronnie de Montaigu, à hommage et à ligence, appartenait : en 1408, à Jean de la Touche ; en 1434 et 1467, à Jean Charbonneau, écuyer ; en 1499 et 1502, à Amaury Charbonneau ; en 1638, à Gabriel Charbonneau ; en 1698, à Gabriel-Martial Charbonneau, fils du précédent. Vendu, comme bien national, il fut acheté par le conventionnel Goupilleau, dont les descendants le détiennent aujourd'hui.

Haut-Bois, et l'ancien chemin de Vieillevigne. Incendiée pendant la guerre civile, ses pans de murs, en partie écroulés, furent totalement rasés, et la route départementale de Montaigu à la Roche-sur-Yon passe sur le lieu même de ce sanctuaire. Ce n'était guère, au reste, qu'une petite chapelle dont le clocher en bois, trop peu solide pour que la cloche pût être mise en branle, venait d'être remplacé par un clocher en pierres de taille (1).

3° *Cimetière.* — Le cimetière se trouvait à la gauche de l'église, dans le terrain compris entre la maison de M. Audùreau et le chemin qui mène au Haut-Bois.

Ces ruines et terrains abandonnés durent être défendus par l'administration municipale de l'époque.

« Sur le rapport de l'agent et de l'adjoint de la commune de Montaigu qui ont fait raporter le contrat d'acquet du citoyen Jean Deniau du cy devant presbytaire de St Nicolas, et qui ont reconu que la maison presbitéralle et le jardin étaient les seuls objets compris au dit contrat, et que la ci-devant église ni le cimetière n'en faisaient neulement partie et même servaient de confron-

(1) Le marquis de Crux avait fait mettre ses armes sur le portail et dans le sanctuaire des églises de Montaigu. Il insista près de la Supérieure des Religieuses Fontevristes pour les faire placer aux mêmes endroits de leur chapelle, se prétendant le fondateur de leur communauté, qualité qu'elles lui refusaient. « Votre Grandeur sait qu'il est contre la discipline ecclésiastique, et contre le culte de Dieu, d'arborer ainsi dans nos temples des espèces d'enseigne, et des marques du faste et de la vanité mondainne, au lieu qu'on n'y deveroit voir que l'étendart de J. C. et les images des saincts : je dis *enseigne*, car les tableaux où sont imprimés les écussons ont plus de trois pieds en quarré, et sont aujourd'huy affichés sur le portail et dans le sanctuaire de toutes les Eglises de cette ville. » *Lettre adressée le 10 octobre 1727, à Mme l'Abbesse de Fontevrault, par le P. F. Douvry, confesseur des Religieuses à Montaigu.*

(*Dossier Fontevrault*, aux Archives de Maine-et-Loire.)

tation, et que, malgré cela, ledit Deniau s'était permi de démolir une partie de la cy-devant église, et d'en employer les matériaux à la construction de sa maison, et s'étoit emparé du cy-devant cimetière qu'il a commancé à cultiver; l'administration voulant réprimer cet abus, le commissaire du pouvoir exécutif entendu, arrête qu'il sera sur le champ donné connoissance de ce délit au citoyen Hignard, receveur du droit d'enregistrement, comme régisseur des biens nationaux, avec invitation d'en faire la dénonciation au commissaire du pouvoir exécutif près le tribunal de la police correctionnelle, affin qu'il face les poursuites exigées par la Loi en pareil cas.

Fait et arrêté en administration municipale à Montaigu, les jour, mois et an que devant [1].

| Poirier, | Launay, | Thiériot, |
|---|---|---|
| Agent. | Agent. | D.-M. M., président. |

Simon,
Agent municipal. »

L'église de Saint-Nicolas, avec son cimetière, fut acquise de la nation par le citoyen François Gillaizeau, propriétaire demeurant aux Bouillières, en la paroisse de Boufféré, suivant acte passé devant l'administration centrale du département de la Vendée, en date du 29 thermidor an VI (16 août 1798), enregistré à Fontenay-le-Peuple le 26 fructidor de la même année (12 septembre 1798) par Poey-Davant. Gillaizeau les revendit, le 27 fructidor an XI (14 septembre 1803), au citoyen Jean-Pierre Boy, et à la citoyenne Madeleine-Modeste-Pélagie Thiériot, son

(1) Procès-verbal de la séance publique de l'administration municipale du 27 messidor an V (15 juillet 1797).

épouse (1). Ces derniers s'en dessaisirent le 29 août 1814, avec la garantie promise par la nation, en faveur du sieur Jacques Lebreton, charpentier, et d'Osmanne Billard, sa femme, demeurant au faubourg Saint-Nicolas. L'acte du 29 août 1814, spécifie ainsi les parties vendues : « les fonds et superficies de deux terrains vagues situés audit Montaigu, cartier de St Nicolas, séparés par la grand route de Montaigu à Bourbon-Vendée, comprenant en grande partie le terrain qui dépendait et où étaient autrefois l'église et le cimetière, confrontant : le premier (sur lequel une bâtisse est en commencement, et qui à partir de la maison du sieur Deniau a en longueur 28 mètres), d'un bout, au couchant, à la maison du sieur Deniau ; du midi, à la grand route, et, du nord, au chemin qui de Montaigu conduit à Vieillevigne ; — et le second (qui est de l'autre côté de la grand' route et vis-à-vis du premier), du midi, au jardin du sieur Burserot, mur entre les deux ; du levant, au chemin du Haut Bois ; du nord, à la grand route, et, du couchant, aux écuries de la maison du sieur Deniau.... à charge : 1° de payer chaque année, le 1er novembre, à dlle Rousseau de Montaigu, la rente de six francs créée par ledit Boy, suivant acte de Brethé, enregistrateur, et Thibaud, notaires, le 31 décembre 1806 ;

(1) Marie-Magdelaine-Modeste-Pélagie Thiériot, née à Montaigu le 25 mai 1758, en la paroisse de Saint-Jean, fille de Hardouin-Aimé Thiériot, docteur en médecine, et de Marie-Anne-Louise Marchais, s'était mariée, aux Brouzils, le 10 messidor an VIII (29 juillet 1800) à Jean-Pierre Boy, né le 14 juillet 1771, fils de feu Etienne Boy, ancien lieutenant de cavalerie, natif de Lérouville (Meuse), et de feue Marie Aubry. Elle mourut à Montaigu le 23 juillet 1831, âgée de 73 ans. Les époux Boy avaient acheté de Gillaizeau, le même jour et en même temps, la ci-devant église de Saint-Maurice, le tout pour 1500 francs. Le vendeur s'était réservé le droit d'enlever, dans le délai d'une année « la superficie de la terre bonne à engrais qui est dans la venelle située entre l'église de Saint-Maurice et le jardin du citoyen Rigaud. »

2° de payer aux vendeurs, le 1er novembre, six francs de rente foncière au capital de cent vingts francs, et la somme unique de deux cent soixante francs. » (1)..

3° *Cure.* — La maison curiale, située un peu plus haut que l'église, entre la grande route actuelle et l'ancien chemin de Vieillevigne, se reconnaît encore. Du petit nombre de celles qui ne furent pas incendiées, elle avait, jusqu'à ces derniers temps, gardé sa physionomie. Sa façade sur la grande route a été alors un peu modifiée, mais la porte, à linteau de pierre et peinte en rouge, qui se voit du côté de l'ancien chemin de Vieillevigne, permet de la distinguer facilement des maisons voisines.

Elle fut vendue, comme bien national, et acquise suivant le procès-verbal dressé par les administrateurs du département de la Vendée, le 30 octobre 1796, pour la somme de 216 francs, par le sieur Jean Deniau et Marie-Anne Texier, son épouse.

## *II. — Revenus de la Cure*

Le casuel de la cure de Saint-Nicolas devait être très peu important. L'état civil de la paroisse ne comprend guère, en moyenne, qu'une douzaine d'actes par année, et le *Pouillé* du XVIIIe siècle, *extrait de Dom Fonteneau*, n'indique que 40 communiants.

Ajoutons que le curé devait prélever, sur les produits de sa cure, 150 à 200 livres pour l'abbé de Saint-Jouin de Marne, patron présentateur.

Sous le bénéfice de cette retenue, le curé possédait :

1° Le revenu de son canonicat à la collégiale de Saint-

(1) Minute Charrier ; étude de Me Denis à Montaigu.

Maurice. Il en était chanoine de droit, comme ses confrères curés des autres paroisses de Montaigu ;

2° Le revenu de quelques pièces de terre qui dépendaient de la cure ;

3° Sa part des dîmes prélevées sur le tènement de Roussay, en la paroisse de Saint-Hilaire-de-Loulay. (V. p. 106.)

4° La rente d'un boisseau de froment sur le tènement des Pionnières, en la paroisse de la Guyonnière, reconnue par actes des 1er février 1788 et 22 septembre 1810, les deux au rapport de Me Thibaud, notaire.

5° Une rente de six boisseaux de froment sur le tènement de la Baraillère, en la paroisse des Brouzils, reconnue par actes des 26 février 1785 et 2 juin 1810, les deux au rapport de Thibaud, notaire.

Ces deux rentes étaient dues au terme de mi-aoust (1).

6° Le complant d'une vigne sise au faubourg Saint-Nicolas, qui fut acquise, suivant adjudication devant le directoire de district de Montaigu, le 21 mai 1791, par Philippe-Charles-Aimé Goupilleau, pour la somme de 600 francs.

7° Le revenu du bénéfice de la chapelle de Saint-Lazare, dont nous parlerons plus loin.

4° *Fabrique.* — La fabrique de la paroisse de Saint-Nicolas possédait un petit jardin et une maison depuis incendiée, immeubles qui furent affermés en cet état, pour 3 années à compter du 4 floréal an VI (23 avril 1798), au citoyen Mignet, de Montaigu, moyennant le prix annuel de 16 francs ; ils avaient été vendus, le 15 germinal

(1) Par actes des 22 septembre 1810 et 26 février 1810, elles furent reconnues en faveur de l'hospice de Montaigu, substitué au curé de Saint-Nicolas

an VI (4 avril 1798), au citoyen Levieux, commandant le 3e bataillon de la 19e demi-brigade.

La fabrique jouissait aussi des oblations des fidèles, et l'abbé de Saint-Jouin de Marne lui devait 2 sols de luminaire pour l'église.

## *III. — Confrérie*

*Procès-verbal de la visite de l'archidiacre Marchant*, 5 juin 1534 : « Il existe (dans l'église de Saint-Nicolas), une confrérie de Saint-Nicolas dont Ludovic Bretonneau est l'administrateur avec Messire Barthélémy Orceau, prêtre.

« Le précédent administrateur, Messire Jean Burluet, prêtre, fut sommé de rendre les comptes et le reliquat des comptes de sa charge, en même temps que les livres et les titres de la confrérie, et cela sous quinze jours ; puis, dans les huit jours suivants, de prévenir qu'il s'est acquitté, sous peine d'excommunication et d'amende.

« Messire Maurice Lebret, prêtre, prédécesseur en charge de Jean Burluet, est, de son consentement, condamné à payer aux administrateurs actuels de la dite confrérie, la somme de douze livres tournois qu'il reconnait devoir à la confrérie, à laquelle les héritiers de Maistre Jean Richard, son associé en charge, doivent la somme de six livres. Il devra s'acquitter sous quinze jours. »

## *IV. — Extraits des Registres paroissiaux*

1715, 7 septembre. — *Service pour Louis XIV.*

Le septiesme jour du mois d'octobre mil sept cent quinze, par ordonnance de Monseigneur l'Illustrissime et

Révérendissime Jean-François de Lescure, évêque de Luçon, j'ay faict un service solennel dans l'église de cette paroisse de St Nicolas de Montaigu, pour le repos de l'âme de deffunct Louis Quatorzes, roy de France, décédé à Versailles le premier jour du mois de septembre dernier.

Alexandre THOMAS, curé de St Nicolas
de Montaigu.

1717, 31 aout. — Le dernier jour du mois d'aout mil sept cent dix-sept, a été inhumé dans l'église de cette paroisse, par moy recteur soussigné, le corps d'Alexandre Thomas, sieur de la Paraffinière, curé de Sainct Nicolas de Montaigu, décédé du jour précédent après avoir receu les sacrements de Nostre Mère la Sainte Eglise, que je luy ai administré comme directeur et ancien curé de la conférence de Montaigu, le sieur curé âgé d'environ cinquante ans. En foy de quoy je me suis sousigné ; à St Nicolas, ce premier jour de septembre mil sept cent dix-sept.

BLANC, curé de St Jacques,
Chanoine de Montaigu.

1782, 29 mars. — *Réparation du maître-autel.*

L'an mil sept cent quatre vingt-deux, le vingt neuf mars, nous avons fait dorer et peindre le maître-autel pour la somme de cent soixante-deux livres, de plus fait bronzer et vernisser l'autel de la Ste Vierge et de St Sébastien pour la somme de cent douse livres ; les réparations faites en l'avance ont fini le vingt-neuf mars, jour du vendredi saint ; de plus, nous avons jetté le vieux clocher à terre, et fait le neuf en pierre de taille, par ce que la cloche ne pouvoit sonner, pour la somme de cent trois livres, lesquelles réparations ont été faites par les habitants de Montaigu qui ont contribué volontairement, surtout M. l'abbé de la Roche-Saint-André [1] qui a donné cent cinquante livres, et M. le marquis de Juigné soixante douze.

POULAIN, curé.

1782, 23 juin. — *Exposition du T. S. Sacrement.*

L'an mil sept cent quatre vingt-deux, le vingt-trois juin, cinquième dimanche après la Pentecoste, nous avons exposé le Très Saint Sacrement à la messe et aux vespres, vu la permission que nous a donné Monseigneur l'Evesque de Luçon de l'exposer le quatriesme dimanche de chaque mois.

POULAIN, curé de Saint-Nicolas.

## *V. — Liste chronologique des Curés de Saint-Nicolas*

Fin du xv^e siècle. — Jehan BONFILS.

Nous ne le connaissons que par cette lettre adressée à du Plessis-Bourré, gouverneur de Montaigu, par l'Évêque de Luçon :

« Monseigneur,

« Je me recommande humblement tant que je puis. Plaise vous sçavoir que naguères Mgr le légat a pourveu de la cure de St Nicolas de Montagu à Messire Jehan Bonfils, prestre, qui est bon ecclésiastique, et vouldrois qu'en eussiez aussy bonne cognoissance que j'ay, car il est bien suffisant de science et bonnes estudes, et souventefois il occupe pour moy. J'ay veu ses lettres, et me

[1] Louis-Joachim de la Roche-Saint-André. (V. note de la p. 156.)

semble qu'il y a bon droit. Mais ce nonobstant aucuns s'efforcent de l'empescher en sa possession. Je vous prie, tant affectueusement que je puis, l'avoir pour recommandé touchant sa dite possession, par manière qu'on ne luy face aucune violence. Et, en ce faisant, vous me obligerez toujours plus à vous. Je crois, quand il vous plaira sçavoir de lui, que vous trouverez qu'il est bon chapelain, et vouldrois que plusieurs des parties de par de là l'en suyvissent en vie et mœurs. Je vous prie de me recommander à ma damoiselle du Plesseis.

« Monseigneur, se chose voulez que je puisse, commandez la moy, et je la feray de très bon cueur, prient Dieu qu'il vous donne bonne vie et longue.

« Escript aux Moustiers-sur-le-Lay le xvi^e jour d'octobre.

« Le tout vostre serviteur,

« N. évesque de Luçon » (1).

Suscription : A mon très honoré seigneur, M^gr du Plesseys, trésorier de France.

1534. — Claude Pairot.

*Visite de l'archidiacre Marchant* : « Le dit cinquième jour du mois de juin de l'an du Seigneur mil cinq cent trente-quatre, au lieu de Montaigu, se présenta Messire Maurice Fumé, prêtre, vicaire de l'église de S^t Nicolas dudit lieu, qui nous montra ses pouvoirs.

« Noms des prêtres :

« Maître Claude Pairot, recteur, absent ;

« Messire Maurice Fumé.

(1) Probablement Nicolas Boutaud, évêque de Luçon de 1461 à 1490.

« Nicolas Bonnet nous présenta l'inventaire mobilier de la fabrique, dont il est actuellement administrateur.

« Nicolas Mygnen, prédécesseur de Bonnet, nous montra un compte par lequel il se reconnait redevable, envers la dite fabrique, de la somme de deux sols, qu'il compta audit Bonnet son successeur ; c'est pourquoi nous le tenons quitte. »

1660-1671. — Jean BERTAUD.

Il fait un baptême à Saint-Jean-Baptiste de Montaigu, le 18 avril 1660. Il avait rempli les fonctions curiales à Saint-Jean-Baptiste, lors du procès dont nous avons parlé. (V. p. 56.)

1671-1681. — Charles JOUBERT.

Il fait un baptême à Saint-Jean-Baptiste de Montaigu, le 16 mars 1677.

La cure n'avait pas de titulaire le 9 février 1682 ; ce jour, M. Maur Poitevin, chanoine de Saint-Maurice, fait un mariage à Saint-Nicolas « dans le temps de vacance de la cure. »

1682-1699. — P. PERAUDEAU.

Il signe le 16 janvier 1699, pour la dernière fois.

11 décembre 1699 au 30 août 1717. — Alexandre THOMAS DE LA PARAFINIÈRE.

Les registres de la paroisse Saint-Jean-Baptiste de Montaigu nous font connaitre : Jean Thomas, sieur de la Govinière, sénéchal de Montaigu, marié à Anne Gariou ; Julien Thomas, sieur du Clos ; et Étienne Thomas, sieur de la Parafinière. Le curé de Saint-Nicolas, qui nous occupe ici, pourrait bien être le fils de l'un d'eux.

Le curé de Saint-Nicolas mourut le 31 août 1717, âgé de 50 ans. (V. p. 178).

Dans l'acte de son inhumation, il est qualifié : ancien curé de la Conférence. — Il avait été précédemment vicaire de Boufféré, de 1695 à 1699.

Pendant la période comprise entre le 5 septembre 1717 et le 11 avril 1722, la cure de Saint-Nicolas parait avoir eu plusieurs titulaires, de nom tout au moins.

Le 7 septembre 1717, un nommé Péraudeau — serait-ce l'ancien curé ? — obtient de l'évêque, Jean-François de Lescure, la collation pour la cure de Saint-Nicolas de Montaigu, et signe en qualité de curé, le 10 janvier 1720. Mais le 10 juillet 1719, le même évêque accordait la collation, pour la même cure, à Pierre Badereau, et le 6 février 1720, à Nicolas Gentet.

D'autre part, du 23 novembre 1719 au 11 avril 1722, les actes sont rédigés et signés par J. Denis, qui se qualifie « vice-gérant de la cure de S$^{t}$ Nicolas », « prêtre commis au régime de la paroisse de S$^{t}$ Nicolas par Messire Pierre Badereau », « desservant la cure pour Messire Pierre Badereau », « faisant les fonctions curiales au lieu et place et par commission de M. Badereau, curé de cette paroisse — ou pour M. Pierre Badereau, — ou par commission de M. Pierre Badereau ». — Ce J. Denis était chanoine de la collégiale de Saint-Maurice.

Il y eut donc une longue compétition. M. Badereau. l'emporta, et le 1$^{er}$ septembre 1722, il signe « curé » pour la première fois [1].

[1] Aux années 1711 et 1712 nous trouvons Badereau (et sa signature nous démontre que c'est bien la même personne) signant « curé de Saint-Nicolas ». Comment pouvait-il l'être à cette époque, puisque Alexandre Thomas l'était certainement aussi ? Nous ne pouvons nous l'expliquer.

1719 ou 1722 à 1746. — Pierre BADEREAU.

C'est sous son rectorat que, en 1726, le bénéfice de la chapelle de Saint-Lazare fut réuni, par l'évêque de Luçon Michel-Celse de Rabutin de Bussy, à la cure de Saint-Nicolas.

1746 au 27 septembre 1779. — Pierre-Alexis PAYRAUDEAU.

Le 3 octobre 1773, à la bénédiction d'une cloche dans l'église Saint-Jean-Baptiste de Montaigu, il se qualifie « directeur de la Conférence ».

Dans ses *Mémoires*, La Révellière-Lépeaux a tracé de ce curé un portrait peu flatteur. « On nous mit ensuite, mon frère et moi, en demi-pension chez M. Payraudeau, curé du faubourg Saint-Nicolas, pour y prendre les premiers éléments du latin. Une figure doucereuse, un extérieur composé, cachaient en lui une irascibilité des plus dangereuses chez cet instituteur. Il était faux et hypocrite. En sortant de ses mystiques entretiens avec ses dévotes, qu'il prolongeait en tête-à-tête pendant deux ou trois heures dans sa chambre à coucher, il venait brutaliser ses malheureux élèves, soit par cette indécente correction qu'on n'aurait jamais dû permettre dans les écoles et qu'il aimait fort à prodiguer, soit par les coups les plus cruels sur toutes les parties du corps. C'est aux coups redoublés qu'il me donna sur le dos que sont dues la difformité de ma taille et, en grande partie, la faiblesse de ma poitrine. Nos parents ignoraient tout cela. Désolés de n'en avoir pas été informés plus tôt, ils nous tirèrent, dès qu'ils le surent, des mains de cet homme dont la mine était si trompeuse. » (1).

Il mourut le 27 septembre 1779.

(1) *Mémoires de La Révellière-Lépeaux*, t. Ier, pp. 9 et 10.

1779-1782. — Olivier Hugron.

Précédemment curé de la Grolle, ancienne paroisse réunie à celle de Rocheservière, où il était né en 1731, il n'occupa que pendant trois années la cure de Saint-Nicolas de Montaigu, et permuta, en 1782, avec Poulain, curé de la paroisse de Treize-Septiers. En 1790, Hugron signa avec plusieurs autres curés voisins, une protestation contre la vente des biens du clergé, puis refusa de prêter le serment et disparut. Lorsqu'en 1790, pour des règlements d'intérêts, sa famille le fit rechercher officiellement, on ne put retrouver sa trace [1].

Du 8 janvier 1782 à la Révolution. — Charles-Dominique Poulain.

Curé de Treize-Septiers à partir du 29 juillet 1772, il permuta avec Hugron, comme nous venons de le dire, et prit possession de la cure de Saint-Nicolas de Montaigu, le 8 janvier 1782, ainsi qu'il l'écrit lui-même sur les registres de son ancienne paroisse.

« Après une attitude assez ambiguë, au début de la Révolution, il finit par rétracter son serment, et, obligé de fuir la persécution, se cacha à la Bruffière. Découvert et ramené à Montaigu, en octobre 1793, il fut fusillé par les Bleus sur le pont de Saint-Nicolas ; son corps fut jeté à l'eau et recueilli par un meunier qui l'enterra au bord de la rivière.

« En 1825, M. Sidoli, curé de Montaigu, voulut donner à ses restes une sépulture chrétienne. Ayant obtenu les autorisations nécessaires, il fit rechercher le corps ; mais le courant avait miné la rive et emporté le cadavre. Des témoignages recueillis, on apprit que, vingt ans

[1] *Chroniques paroissiales de Luçon*, t. II, p. 874.

auparavant environ, on avait vu les ossements surnager, emportés par le courant. » (1).

Ce fut le dernier curé de la paroisse de Saint-Nicolas.

Charles-Dominique Poulain devait être originaire du diocèse de Saint-Malô, comme nous le fait supposer l'acte suivant :

« Angélique-Jeanne-Marie Hamon, veuve de Jacques Poulain, sieur Du Jardin, originaire de la paroisse de St Surat (?), évêché de St Malô, en la haute Bretagne, mère du sieur Poulain, curé de cette paroisse, âgée de 70 ans, décédée à la cure le sept du mois d'octobre 1772, a été inhumée par Mr Julien Davy, curé de la Bruffière ; présents : Messires Goupilleau, curé de la Guyonnière, et Rabas, vicaire de la Bruffière.

LHOTELLIER, vicaire. »

*(Registres de la paroisse de Treize Septiers.)*

Le curé de Treize-Septiers vivait aussi en compagnie d'une tante, « Jeanne Hamon, sœur du tiers ordre de St Dominique, originaire de la paroisse d'Evran, diocèse de St Malô », qui décéda à Treize-Septiers le 14 janvier 1778, âgée de 67 ans.

(*Registre*, id.).

## *VI. — Chapelle de Saint-Lazare*

Nous avons dit que le curé de Saint-Nicolas jouissait du bénéfice de la chapelle de Saint-Lazare, dont la réunion à sa cure avait été effectuée, en 1726, sous le rectorat de M. Pierre Badereau.

(1) Note fournie par M. Edgard Bourloton, *Chroniques paroissiales de Luçon*, t. II, p. 874.

Cette chapelle, située sur le bord de l'ancien chemin de Montaigu à Vieillevigne, qui limite encore aujourd'hui les communes de Montaigu, Boufféré et Saint-Hilaire-de-Loulay, faisait partie, avant la Révolution, de la paroisse de Saint-Hilaire-de-Loulay, et dépend maintenant de la commune de Montaigu.

Son temporel consistait en prés et terres labourables, d'une contenance de deux hectares environ (1).

On ne saurait dire à quelle époque remonte cette fondation hospitalière. Elle ne devait pas exister au XIVe siècle, puisqu'il n'en est pas question dans le *Pouillé diocésain*, dit *Grand-Gauthier* ; c'est dans le registre des visites pastorales de l'évêque de Luçon, Nicolas Colbert, aux années 1665 et 1668, qu'il en est fait mention pour la première fois, et en ces termes : « la chapellenie de Saint-Lazare, sur les limites de la paroisse : *capellania Sancti Lazari in fines parochiæ.* »

Quoi qu'il en soit, le bénéfice simple de Saint-Lazare, comme la cure paroissiale de Saint-Hilaire-de-Loulay elle-même, était à la présentation de l'abbé de Saint-Jouin de Marne, qui possédait presque tout le patronage ecclésiastique du pays. Ce bénéfice était chargé d'une messe par semaine, et rapportait au dernier desservant une somme de 86 livres par an, sans compter quelques autres redevances.

1790, 26 janvier. — Messire Charles-Dominique Poulain, prêtre et curé de la paroisse de Saint-Nicolas de Montaigu, afferme à Pierre Hervouet, laboureur, demeurant à la Bougonnière, paroisse de Saint-Hilaire-de-Loulay, pour trois années à partir de la Saint-Georges 1790, « son

(1) Cadastre de la commune de Montaigu, section B : n° 87, pré de la chapelle ; n° 88, pré de Saint-Lazare ; n° 89, chapelle de Saint-Lazare ; n° 90, pièce de la chapelle.

bénéfice, appelé Lazard, situé paroisse de Saint-Hilaire-de-Loulay, consistant en vingt boisselées de terre, étant tant en pré qu'en terres labourables, avec une maison y joignant *qui jadis étoit une chapelle* », moyennant le prix annuel de 86 livres, et « trois charois de bœufs et charette par chacun an, à la volonté du bailleur. Fait et passé au presbytère dudit Poulain, le 26 janvier 1790 ». Signé : Poulain, curé de Saint-Nicolas; Trastour, notaire royal; Musset, notaire royal, pour registre. Controllé à Montaigu, le 1er février 1790, par Goupilleau qui a reçu quinze sols ([1]).

Il est à croire que ce bénéfice, d'un produit insuffisant pour faire vivre son desservant, était réuni depuis longtemps — peut-être même depuis sa fondation — à la cure de Saint-Hilaire-de-Loulay. Mais son éloignement du chef-lieu de cette paroisse, et les difficultés qu'on avait d'y aborder, surtout pendant l'hiver — le pont de l'Écornerie ne datant que de nos jours —, furent sans doute les causes qui déterminèrent l'autorité diocésaine à le rattacher à la paroisse de Saint-Nicolas, qui était proche et d'un accès facile en toute saison.

Les terres qui constituaient le temporel de la chapelle Saint-Lazare, vendues nationalement, furent adjugées, le 22 février 1791, à demoiselle Louise Musset et à dame Julie Goupilleau, veuve de M. Louis Musset, demeurant à Saint-Gilles, pour la somme de 3,525 livres : elles furent incorporées à la métairie de la Bretonnière, dont la famille Trastour s'est rendue acquéreur en 1874.

Quant à la chapelle elle-même, il n'en reste plus rien. Bâtie au fond du vallon, sur le bord même du chemin du moyen âge, ce n'était qu'une très modeste habitation qui, comme l'indique la ferme du 26 janvier 1790 relatée

([1]) Minutes Musset : étude de Me Duchasténier.

plus haut, ne servait plus au culte longtemps même avant la Révolution. Dans les dernières années du XVIIIe siècle, on en fit un cellier, où la fraude contre les droits se pratiquait sur une large échelle. Le propriétaire négligeant de faire les réparations nécessaires, la toiture en tuiles s'effondra un jour, les murs ne tardèrent pas à s'écrouler, et les pierres en furent dispersées. Seul, le cadastre en a conservé la désignation, et des haies vives permettent encore aujourd'hui d'en déterminer le contour (1). Il y a quelques années, lors de la réfection du chemin, on trouva quelques deniers, offrande d'un fidèle, et nous y avons recueilli quelques rares débris du carrelage. La pierre de granit, qui enchâssait la pierre sacrée de l'autel, a été transportée au pied de la croix de la Marionière, si l'on en croit la veuve Guédon, née Julie Luneau, qui nous l'a rapporté ; au dire de M. Caillaud, propriétaire à la Bertrandière, en la commune de Vieillevigne, elle sert de pierre de foyer dans la maison qu'il habite. Ajoutons enfin, que, d'après la veuve Guédon, l'une des processions des Rogations de la paroisse de Montaigu se rendait jusqu'à l'ancienne chapelle de Saint-Lazare, du temps de M. le curé Sidoli.

Du même côté que la chapelle, et en face du chemin de servitude qui conduit à la métairie de la Bretonnière, s'élevait, naguère encore, un chêne aux puissantes ramures, désigné sous le nom d'*Arbre à l'assassin*. Il est de tradition que bien des crimes auraient été perpétrés au fond de ce vallon désert, et que souvent, la nuit, on entendait des cris désespérés, aussi bien du moulin Luneau que de la métairie de la Bretonnière.

(1) Ces jours derniers, les haies qui délimitaient le terrain occupé par la chapelle de Saint-Lazare ont été arrachées. Le cadastre seul désormais permettra d'en retrouver l'emplacement.

Sans doute le lieu était favorable pour les détrousseurs de grands chemins, et des marchands ou de simples voyageurs attardés ont pu faire là de désagréables rencontres : trop fréquemment le vol conduit à l'assassinat. Mais aussi n'a-t-on pas trop facilement généralisé ? Ne faut-il pas tenir un grand compte des frayeurs que causent naturellement les ombres de la nuit ?

*Vanos sollicitis incitat umbra metus !*

Devrait-on attribuer la fondation de la chapelle de Saint-Lazare à l'accomplissement d'un vœu expiatoire, comme cela se voyait souvent, à la suite d'un crime commis en ce lieu ?

D'autre part, les établissements religieux placés sous l'invocation de Saint-Lazare, étaient destinés au soulagement des lépreux, et l'on sait que, en 1606, la lèpre fit les plus grands ravages dans la province du Poitou. Serait-ce la raison de l'établissement de la chapelle qui nous occupe ?

Il n'y aurait aucune impossibilité à cela ; mais nous entrons dans le domaine des hypothèses, et nous nous sommes fait une règle de nous abstenir.

# CHAPITRE V

## *Visite des Églises paroissiales de Montaigu*

Procès-verbal de la visite de l'archidiacre Marchant, 5 juin 1534 (1)

### Sancti Johannis Baptistæ ecclesia Montis acuti

*Die prædictâ quintâ mensis junii, anno Domini millesimo quingentesimo xxxiiij, visitata fuit ecclesia parochialis Sti Johannis Montis acuti.*

*Nomina presbyterum dictæ parochiæ:*

*Magister Julianus Giguet, rector, deservit personnaliter de missis parochialibus, dominicis et festis ;*

*Dominus Mauricius Lebret ;*

*Dominus Gabriel Tillon ;*

*Dominus Petrus Giguet.*

*Præsens administrator fabricæ, Ludovicus Brethomé, pro secundo anno, cui injunctum fuit unam capellam sericeam munitari, infrà proximam visitationem.*

*Est capellania ad præsentationem domini de la Senardière, quam tenet Bertrandus du Chaffault, et ei deservit de tribus missis quâlibet ebdomadâ dominus Mathurinus Favereau.*

(1) Nous reproduisons textuellement ici le manuscrit de l'archidiacre Marchant, traduit, dans le cours de notre travail, à l'exception des trois derniers paragraphes de la visite de l'église Saint-Jean qui intéressent plus spécialement l'église de Saint-Hilaire-de-Loulay.

*Alia, ad altare beatæ Mariæ, ad præsentationem alternative capituli ecclesiæ collegiatæ Montis acuti, et Nicolai de la Roche, scutiferi, domini dicti loci, cujus est capellanus Carolus de Montsorbier, et ei deservit de tribus missis quàlibet ebdomadâ dominus Mathurinus Chaillou.*

*Alia, ad altare Sti Antonii, ad præsentationem domini de la Buletière, de duabus missis quàlibet ebdomadâ, quam tenet dominus Guillelmus Drouet, et ei deservit dominus Petrus Giguet.*

*Est alia capellania, nuncupata des Bernardins, ad præsentationem dominorum de la Patissière, de la Thibaudière, de la Roche, et aliorum, cujus est capellanus dominus Jacobus Roirant, presbyter, et ei deservit de duabus missis dominus Guillelmus Duret.*

*Est stipendia de Sto Nicolao, ad collationem* (1) *domini de la Roche, cujus est stipendarius Magister Johannes Burluet, et eidem deservit de duabus missis dictus Tillon.*

*Alia, ad idem altare, de duabus missis fundata, cujus est stipendarius dominus Johannes Sauvaget, et eidem deservit de duabus missis Mauricius...* (sic).

*Alia, ad altare beatæ Mariæ, ad collationem* (2) *capituli ecclesiæ collegiatæ Sancti Mauricii ejusdem loci, quam tenet Magister Medardus de Brouel, cui deserviunt de duabus missis, Mauricius Lebret de unâ missâ ; reliqua verò fuit omissa a festo Paschæ novissimâ. Ideò citabitur præfatus capellanus.*

*Est confratria de Beatâ Mariâ ; præsens administrator Ludovicus Bonnyn et Mauricius Fumé. Præcedentes Stephanus Nauleau et Gabriel Tillon.*

*Deindè præfatus capellanus comparuit, et fuit judicatus,*

(1) Il faudrait : *ad præsentationem.* (V. note p. 41.)

(2) Il faudrait : *ad præsentationem.* (V. note p. 41.)

*condemnatus et monitus celebrari facere novem missas infrà novem dies proximè, pro omissione supradictæ missæ, a prædicto festo Paschæ, ac novem alias missas infrà alios novem dies proximè indè sequentes, pro diminutione cultûs divini et præjudicio vivorum ac defunctorum fundatorum et præsentatorum dictæ capellaniæ ; et de hujusmodi nos debitè informare ac prædictum capitulum Montis acuti, infrà proximum synodum, sub pœnâ excommunicationis et emendæ.*

*Injunximus presbyteris dictæ parochiæ, ac ceteris aliis omnibus parochialium ecclesiarum præsentis villæ et circumvicinarum, quatinùs a cætero habeant assistere, cum superliciis, in die festo corporis Christi, divino servicio, et juvare suos rectores respectivè ad faciendum divinum servicium, ac processionaliter deferendum corpus ejusdem Domini nostri decenter et reverenter ; inhibendo prout inhibemus eisdem presbyteris ne, illâ die, habeant accedere ad ecclesiam parochialem Sancti Hilarii de Loyalo, pro celebrando aliquas missas, pro et respectu missarum per ipsos debitarum ratione certæ confratriæ, celebrari solitarum eàdem die in prædictâ ecclesiâ Sancti Hilarii ; illæ celebrabuntur in vigiliâ prædicti festi, aut dominicâ infrà octavas ejusdem festi, et hoc sub pœnis excommunicatione et emendæ.*

*Et ordinamus quod hujusmodi injunctio significabitur per rectores aut vicarios dictarum ecclesiarum parochialium ; et, in casu oppositionis, citabuntur dicti opponentes per eosdem rectores aut vicarios, dicturi causas et rationes suarum oppositionum.*

## Beatæ Mariæ Montis acuti ecclesia

*Die et anno prædictis* (1), *accessit dominus Mauricius Favereau, presbyter, vicarius ecclesiæ parochialis beatæ Mariæ Montis acuti.*

(1) *Die quintâ mensis junii :* 5 juin 1534.

*Sacerdotes :*

*Magister Carolus de Mazalon, rector, absens ;*

*Dominus Mauricius Favereau, senior* }
*Dominus Mauricius Favereau, junior* } *vicarii.*

*Præsens administrator fabricæ, Mathurinus Perreau, cui injunctum fuit reparari facere vitrale capellæ beatæ Mariæ Magdalenæ.*

*Præcedens administrator, Thomas Alemant, qui debet ex restâ suæ administrationis summam sex librarum turonensium : ideò citabitur. De quâ summâ, Magister Bartholomeus Orceau, presbyter, tunc rector prædictæ ecclesiæ, recognovit habuisse summam sexaginta solidorum, et de restâ monitus fuit idem Alemant, præsens, solvere præsenti administratori, infrà festum omnium Sanctorum.*

*Alius præcedens, Petrus Duhé, qui debet ex restâ suæ administrationis summam sex librarum turonensium.*

## Ecclesia Sancti Jacobi Montis acuti

*Die quintâ mensis junii, anno prædicto, apud locum Montis acuti accessit Magister Lucas Filleteau, presbyter, rector ecclesiæ parochialis Sancti Jacobi Montis acuti, qui deservit personnaliter de missis parochialibus, diebus dominicis et festis, qui exhibuit.*

*Nomina presbyterum :*

*Frater Johannes de Massoignes, prior, absens, pro quo comparet dominus Mauricius Lebret, suus fermarius, qui deservit pro eo de sex missis quàlibet ebdomadâ* (1).

*Dictus Filleteau, rector, præsens ;*

*Dictus Lebret ;*

*Dominus Petrus Audrain ;*

*Dominus Petrus Garciau.*

(1) Il s'agit ici du prieur du Prieuré de Saint-Jacques.

*Præsens administrator Clarus Bonnet, qui exhibuit inventarium mobilier fabricæ.*

*Præcedens, Nicolaus Chevalier, qui exhibuit quictanciam per quam constat debere dictæ fabricæ summam quinquaginta quatuor solidorum, VII denarios turonenses, quam promisit reddere et solvere præsenti administratori, infrà festum assumptionis beatæ Mariæ, et fuit remissus.*

*Est capellania ad præsentationem domini d'Asson, fundata per dominos dicti loci d'Asson, quam tenet dominus Johannes de Billot, et ei deserviunt dicti Filleteau, rector, et Audrain.*

*Prior, pro procuratione visitationis dicti Domini Reverendi, debet summam undecim librarum, XIII solidorum, IIII denarios turonenses* (1).

## Sancti Nicolai Montis acuti ecclesia

*Die prædictâ quintâ mensis junii, anno Domini millesimo quingentesimo xxxiiij, apud locum Montis acuti accessit dominus Mauricius Fumé, presbyter, vicarius ecclesiæ parochialis Sancti Nicolai ejusdem loci, qui exhibuit exhibenda.*

*Nomina sacerdotum :*

*Magister Claudius Pairot, rector, absens ;*

*Dominus Mauricius Fumé.*

*Præcedens administrator fabricæ, Nycolaus Bonnet, qui exhibuit inventarium mobilier dictæ fabricæ.*

*Præcedens, Nycolaus Mygnen, qui exhibuit quictanciam per quam constat debere dictæ fabricæ summam duorum*

(1) On appelait *procuration* la somme d'argent que le prieur avait à payer à l'évêque pour le défrayer de ses frais de visite épiscopale. En 1534, le prieur de Saint-Jacques devait payer 11 livres, 13 sols, 4 deniers. D'après *le Pouillé latin, tiré du Livre rouge*, la somme était, au XVIII<sup></sup>e siècle, réduite à 4 livres.

*solidorum, et tradidit dicto Bonnet præsenti administratori : ideò remissus.*

*Est confratria beati Nycolai, cujus est administrator Ludovicus Bretonneau, et dominus Bartholomeus Orceau, presbyter.*

*Præsens administrator dominus Johannes Burluet, presbyter, cui injunctum fuit reddere compota et reliquatum suæ administrationis, unâ cum litteris et papyris dictæ confratriæ, infrà quindecim dies proximos, et die vicesimâ indè sequenti informare de quictanciâ, sub pœnis excommunicationis et emendæ.*

*Alius præcedens dominus Mauricius Lebret, presbyter, de suo consensu, judicatus fuit solvere præsentibus administratoribus dictæ confratriæ, summam duodecim librarum turonensium, quam confessus est debere dictæ confratriæ pro restâ suæ administrationis ; et debetur summa sex librarum per heredes Magistri Johannis Richard, socii dicti Lebret in dictâ administratione ; et hoc infrà quindecim dies.*

12 juin 21

# ERRATA

Page 85, note 2. — *Au lieu de:* page 71, *lire:* page 153.

Page 128, ligne 29. — *Au lieu de :* « l'un des prêtres qui aient », *lire* : « qui ont ».

Dans le chapitre premier :

*Au lieu de :* III, IV, V, VI, VII, VIII, VIII et IX.

*Lire :* IV, V, VI, VII, VIII, IX, X et XI.

La rectification a été faite à la table.

# TABLE DES MATIÈRES

## PAROISSES, ÉGLISES ET CURES DE MONTAIGU

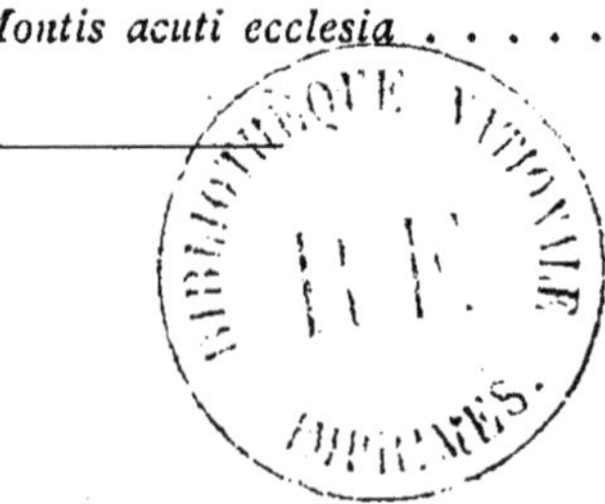
BIBLIOTHÈQUE NATIONALE
IMPRIMÉS
B.F.

www.ingramcontent.com/pod-product-compliance
Ingram Content Group UK Ltd.
Pitfield, Milton Keynes, MK11 3LW, UK
UKHW022016170726
13837UKWH00001B/224